1일 30분

1日 30分

일 · 분

세월이 흘러도 변하지 않는 인생 승리의 공부법

후루이치 유키오 지음 | 이진원 옮김

BOOK AGIT

1일 30분

초판 1쇄 발행 · 2019년 1월 20일

지은이 · 후루이치 유키오
펴낸이 · 윤석진
총괄영업 · 김승현
외주 책임편집 · 한지현
외주 디자인 · 디자인9mm

펴낸곳 · 도서출판 작은우주
주소 · 서울특별시 마포구 월드컵로4길 77, 3층 389호(동교동 . ANT빌딩)
출판등록일 · 2014년 7월 15일(제25100-2104-000042호)
전화 · 070-7377-3823 | 팩스 · 0303-3445-0808 | 이메일 · book-agit@naver.com

정가 13,800원 | ISBN 979-11-87310-18-1 03320

| 북아지트는 작은우주의 성인단행본 브랜드입니다. |

성과가 나지 않으면 기꺼이 욕먹을 각오가 되어 있다

나는 인터넷에서 유료로 콘텐츠를 제공하면서 '이 학습법을 체험해 보고 1년 내에 성과가 나지 않으면 기꺼이 환불해 드립니다'라는 완전 환불보증 조건을 내걸었다. 과거 3년 반 동안 환불을 요구한 사람은 단 한 명뿐이었다.

게다가 나에게 돌아온 반응은 클레임이 아니라 감사 인사였다. 그 중에서도 이런 내용이 많았다.

"지금까지 나온 학습법 설명서는 공부하는 사람을 전제로 하고 있지 만, **이 학습법은 공부 습관이 들지 않은 사람을 전제로 설명하고 있습**

니다. 구체적이면서도 전혀 새로운 공부 방법이네요."

이 학습법을 실천하여 직업을 바꾼 사람, 학습 효율이 크게 향상된 유학예정자 등 체험자의 성공사례가 다수를 차지했다.

지금부터 내가 공개하는 학습 노하우는 탁상공론이나 이상만을 강조한 이론이 아니다. 정신만으로 어떻게 공부를 오랫동안 지속할 수 있겠는가. 나의 공부 방법은 내가 수많은 시행착오를 거치며 터득한, 현재로서는 최고의 학습법이라 자부한다.

한때 나는 직장인이면서 유학준비생이었다

예전에 나는 신문사의 보도 카메라맨으로 일하면서 유학을 준비했다. 일에 쫓기는 날이 많아 좀처럼 공부 시간이 나지 않았기 때문에 어떻게 하면 시간을 확보할 수 있을지 그 방법을 줄곧 생각했다.

공부가 잘 되지 않아 나 자신에게 화가 난 기억은 셀 수도 없고 집중력이 오래가지 않아 자기혐오에 빠진 적도 있었다. 급기야 집중력이 오래 못 가는 이유가 코로 숨쉬기가 어렵기 때문이라는 사실을 알았을 때는 바로 코 수술을 했을 정도다. 그럼에도 불구하고 공부에 집중이 되지 않자 공부 자체가 싫어져 유학을 포기하려고 마음먹기도 했다. 이러한 시행착오를 반복하다가 마침내 미국유학길에 오르게 되었다.

미국에 건너가 깨닫게 된 사실은 공부의 양을 기존의 1.5배로 늘려야 한다는 냉혹한 현실이었다. 내 영어실력이 현지에선 거의 쓸모없는 수준이었으니까 말이다. 영어실력을 향상시키기 위해 날마다 40분을 할애하여 영자신문을 읽었고, 읽지 못하고 하루를 건너뛴 날은 다음 날 반드시 전날 신문과 함께 이틀 분량을 소화했다. 날마다 12시간 이상 공부하는 건 당연했고, 이때도 성공과 실패를 반복하며 지식을 가장 효과적으로 흡수할 수 있는 방법을 모색했다. 이와 같은 오랜 공부 경험을 집대성한 것이 바로 이 책이다.

나는 내가 터득한 여러 가지 학습법을 활용해 30세부터 영어실력을 길렀고, 미국에서 경영학 석사학위(MBA)도 취득했으며 지금은 영어를 지도하고 있다. 아마도 영어 발음을 가르칠 수 있는 몇 안 되는 소수의 일본인 중 한 사람일 것이다.

그리고 나뿐만 아니라 500명 이상이 이 학습법을 실천하여 성과를 거두었다. **이 학습법의 효과는 이미 현장에서 검증된 공부방법인 것이다.**

덧붙여 내가 홈페이지에 공개한 원전의 프롤로그를 소개한다. 굉장히 도발적인 문장이지만 처음 정리했을 때의 열의라는 사실을 이해하고 꼭 읽어주길 바란다.

"당신의 회사에는 쓸모없는 상사가 있지 않나?

아침, 정시에 출근하여 생산적인 일은 거의 하지 않고 회사에 1원의 이익이라도 올리기는커녕 마이너스 손실을 가져와 회사의 짐이 되는 중년의 무리를 말하는 것이다. 실례되는 표현일지 모르지만 그들에게는 쓸모없다는 말이 안성맞춤이다.

당신도 그들과 같은 신세가 되고 싶나?

그들이 비즈니스에서 쓸모없는 인간이 된 이유는 명백하다. 퇴근 후에 동료와 술집을 향하고 전철에서는 스포츠신문을 읽으며 귀가하면 TV 야구중계를 보며 맥주를……. 비즈니스 서적을 읽거나 세미나에 참가하지도 않으며 적극적인 사고는 제로에 가깝다. 시대가 변하여 직장인에게 요구되는 능력(skill) 역시 크게 달라졌는데도 새로운 스킬을 거의 습득하지 않은 상태에 있다.

결국, 지금까지 자기 자신에게 어떠한 투자도 하지 않았던 것이다.

'투자'라고 하면 금융 투자를 떠올릴지도 모른다. 그러나 자신의 공부를 위해 돈과 시간을 투자하여 그것이 결과적으로 승진이나 연봉 인상으로 이어지거나 구조조정을 피할 수 있다면 이것은 훌륭한 투자이다. 다시 말해 금리가 높은 금융상품이 사라진 초저금리 시대인 요즘엔 **자기 자신을 위한 투자가 가장 수익률이 높은 투자인 것이다.**

지금 50대가 된 비즈니스맨의 전성기에는 회사에 의존하면 모든 것을 해결할 수 있었다. 그러나 당신도 아는 바와 같이 그런 시대는 이미 끝나고 없다."

회사에 의존하던 시대는 끝났다!

우선, 이것을 분명히 인식해야 한다. 적어도 향후 20년 동안은, 만일 당장 회사에서 해고당해도 다음 직장을 바로 구할 수 있거나 독립하여 새로 시작할 수 있는 유능한 비즈니스맨이 되어야만 한다.

당신 인생의 성공과 실패, 나아가 소중한 가족의 행복은 당신 하기에 달려있다.

너무 아픈 곳을 찌른 것은 아닌지 모르겠다.

당신에게 일정한 수입을 가져다줄 보장된 직장이 없으면 지금 커가는 자녀의 대학 진학을 책임질 수가 없다. 당신과 반려자의 수입 합계가 어느 수준 이상이 되지 않으면 지금의 아이나 미래의 아이에게 충분한 교육 혜택을 줄 수가 없다. 이것은 현실 문제이다.

여기까지 읽은 당신에게 질문하고 싶다.

"당신은 전철에서 여전히 스포츠신문을 읽겠습니까?"

"당신은 앞으로도 TV 버라이어티 쇼를 보겠습니까?"

이 책을 구입한 사람들 대부분은 다르다. 자신을 발전시키려는 의지가 있기 때문에 일부러 돈을 지불하고 이 정보를 손에 넣은 것이다. 지금부터 전수하는 내용은 내가 대학 졸업 후에도 꾸준히 공부하면서 나름대로 계발한 공부방법이다.

물론, 여러 가지 학습법을 참고했다는 점도 덧붙여둔다.

시중에는 학습법에 관한 책이 많이 발간되어 있다. 그러나 내가 항상 불만스러운 것은 구체적인 학습법을 설명하지 않는다는 점이다.

예컨대, '아침에 한 시간 일찍 일어나 공부하자'라고 말한다. 하지만, 그렇지 않아도 수면이 부족한데 어떻게 한 시간을 확보해야 하는지, 어떤 필기구를 사용하면 좋을지에 관해선 전혀 언급하지 않는다.

나는 어떤 도구를 사용하고 어떤 환경에서 공부하고 있는지, 어떻게 시간을 확보하고 있는지를 가능한 한 구체적으로 전수하려고 한다.

이 학습법이 당신에게 최선이라고 주장할 순 없다. 어디까지나 나의 경험에 기초하여 '현재로서는 이 공부방법이 최선'인 학습법을 설명할 것이다.

당신은 이를 토대로 자신의 공부 스타일에 적합한 방법은 받아들이고 그렇지 않은 것은 무시하면 된다.

내가 전수하는 학습법 중에는 '이렇게 간단할 수가!'라고 탄식이 나올 만한 것도 있다. 그런데 아는 것과 실천하는 것에는 큰 차이가 있다는 점을 명심하길 바란다.

예컨대 내가 보유하고 있는 주요 기술(skill)이나 자격은 이렇다.

- MBA(경영학 석사학위)
- TOEIC(국제커뮤니케이션영어능력시험) 980점

- 영어회화는 비즈니스영어 레벨
- 중학, 고교 영어 교원면허
- MCSE(마이크로소프트인정 시스템 엔지니어)
- MCDBA(마이크로소프트인정 데이터베이스 관리자)
- MCSD for Microsoft NET(마이크로소프트인정 솔루션 개발자)
- 썬 마이크로시스템 인정 Java 프로그래머

나는 지금 내가 특별하다고 말하는 게 아니다. 일반 직장인들이 술집에서 취해있을 때 나는 기술 습득을 위한 공부를 했을 뿐이다. 그리고 출퇴근길에 직장인들이 만화를 읽고 있을 때 나는 비즈니스 서적을 읽었다. 단지 시간 사용법과 학습법이 달랐던 것이다.

진정한 공부는 대학졸업 후 시작이다.

나는 약 15년 전에 일본에서 대학을 졸업했다(그 뒤에 미국에서 석사학위를 취득했다). 사람들 대부분은 대학(또는 고등학교)에 입학할 때까지 혹은 재학 중에 어느 정도는 공부를 한다. 그러나 **졸업 후에 공부를 얼마나 꾸준히 지속했느냐에 따라 상황은 달라진다.**

이 책을 읽는 사람 중에 '나는 삼류 대학밖에 나오지 못해서' 또는 '대학에 진학하지 못해서'라고 말하는 이들이 있을 것이다.

그러나 삼류대학을 졸업하거나 대학에 진학하지 못한 사람일지라도 공부를 꾸준하게 열심히 하면 일류대학을 나오거나 대학에 진학한 사람과의 차이를 간단히 좁힐 수 있다. 계속 공부하면서 자신을 계발하다보면 그들을 **큰 차이로 따돌릴 수도 있다!**

단순 비교를 해보자.

A씨는 일류대학을 졸업한 뒤로 자기 투자를 위한 공부를 거의 하지 않았다. B씨는 삼류대학을 졸업한 뒤로 날마다 30분씩 필요한 기술 공부를 꾸준히 해왔다.

대학을 졸업하고 10년 후에 A씨와 B씨 중 어느 쪽이 시대에 맞는 스킬을 습득했을까? 따로 해설이 필요 없을 것이다.

당신은 대학이나 고등학교를 졸업한 뒤에도 날마다 공부를 하고 있나? 공부라는 말이 거북하다면 이렇게 물어보겠다. 날마다 자신을 발전시키기 위해 시간과 돈 그리고 노력을 투자했나? 설마 "학교에 다니는 것도 아니고 웬 공부?"라고 되물어보는 건 아닌가? 혹시 '일이 너무 바빠서 공부할 엄두를 못 낸다'라고 생각하고 있나?

나는 도태되는 비즈니스맨을 볼 때마다 항상 안타까운 생각이 든다. 스스로 무능력을 인식하고 자기 자신에게 긍지를 느끼지 못하기 때문이다. 한편으로 이해가 되기도 한다. 직장에서 상사에겐 질책을 받고 아랫사람에게선 바보취급을 당하며, 가정에서도 존경받지 못하니까 말이다.

물론 '회사에선 무능하지만 가정에서는 훌륭한 가장이다!'라고 말하고픈 사람도 있을 것이다. 그런데 직장에서 능력 없는 사람은 좌천이나 구조조정 대상이 되는 마당에, 가정에서 과연 훌륭한 가장이 될 수 있을까?

자신이 구조조정 되는 청천벽력 같은 일을 당한 뒤에 일정한 수입이 없으면 부모로서의 큰 역할 하나를 제대로 못할 판인데도 말이다.

"구조조정을 단행한 회사가 잘못된 건 아니야?"라고 하는 사람도 있을 것이다. 그런데 당신이 사장이라면 무능력한 사원에게 기꺼이 월급을 주고 싶은가?

사원 한 사람을 한 시간 고용하기 위해 소요되는 회사경비가 얼마일까? 대략적으로 2000시간이라고 하자. 이때 당신의 현재 연봉이 아니라 최소한 연봉의 1.5배를 노동시간으로 나눠야 한다.

회사는 사원을 고용하는 데 급여나 보너스 외에도 교통비, 컴퓨터비용, 그 외에 많은 경비를 쓴다. 연봉에서 최소 5% 이상의 비용이 직접 눈에 보이는 것은 아니나 어쨌든 고용비로 지불되고 있는 것이다. 따라서 연봉 5000만 원인 사람은 7500만 원을 노동시간으로 나눠야 회사가 자신을 고용하는 데 소요하는 시간 당 경비를 산출할 수 있다.

예컨대, 7500만 원을 2000시간으로 나누면 시간 당 37,500원이 된다. 이 숫자는 당신이 한 시간 일하면서 이 금액보다 많은 이익을 벌어들이지 못하면 구조조정 대상이 되어도 할말이 없다는 것을 뜻한다. 여덟 시간 노동으로 합계하면 1일 평균 30만 원이 된다.

비즈니스 세계에서 쓸모없는 사람으로 전락한 것에 대한 책임은 모두 당신 자신에게 있다. 자기계발을 위한 공부를 게을리 한 당신 탓이란 말이다. 당신은 왜 자신에게 투자하여 새로운 기술을 습득하려는 노력을 기울이지 않았나?

내가 '쓸모없는 비즈니스맨은 긍지를 느끼지 못한다'는 사실을 어떻게 이해할 수 있었을까?

어린 시절 내 주변에 이런 타입의 어른이 많았기 때문이다. 언제나 회사와 사회에 대한 불평불만을 쏟아내는 데 여념이 없는 어른들을 보면서 어린 마음에 이런 생각이 들었다.

'그런데도 왜 공부를 안 하는 거지?'

이런 타입의 어른들은 자신이 바라는 인생을 살기 위해 어떠한 노력도 하지 않고, 부모나 성장환경 등 외부적 요건 때문에 자신이 지금의 상황에 처한 것이라며 책임을 전가한다는 공통점이 있다.

나는 '이런 어른은 되지 말아야지!' 하고 마음을 굳게 먹고서 꾸준하게 공부를 해왔다. 이러한 결심은 내가 공부를 계속할 수 있는 원동력이 되었다.

지금부터 당신에게 전수하려는 학습법은 내가 수많은 시행착오를 거치며 습득한 노하우이다. 성공적인 인생을 위해 어떤 공부방법, 사고방식, 습관 등을 갖춰야 하는지를 알려주는 비결이라 할 수 있다.

공부습관을 익히는 것은 그리 어려운 일이 아니다. 요령을 터득하면, 그 뒤엔 습관만 들이면 된다. 그런데 공부습관이 아직 몸에 배지 않은 사람에게 공부 요령이나 자신의 공부 페이스를 발견하는 일은 참으로 힘겨운 작업이다. 공부를 시작한 초기에는 공부가 잘 안 되거나 집중력이 오래가지 않기 때문에 자칫 자기혐오에까지 빠지고, 공부 자체가 싫어지는 최악의 상황도 생길 수 있다.

이 책은 구체적인 공부방법, 공부에 대한 사고방식과 마음가짐도 고루 언급하고 있다. 기술적인 학습법보다 마음가짐이 100배는 더 중요하다. 생각이 바뀌면 행동도 바뀐다고 하지 않던가. 생각에 변화가 없으면 행동 역시 오래가지 못하는 법이다.

한 가지 명심해야 할 내용이 있다. 공개한 학습법을 한번에 모두 실행하지 말고 한두 개씩 순서대로 실천해보자. 한 가지(또는 두 가지)에 집중하여 습관으로 만든 다음 또 다른 학습법을 시작한다. 순서는 크게 문제되지 않으므로 자신에게 맞는 방법을 선택하여 쉬운 것부터 익혀나가자.

더불어 공부와 직접 관련이 없더라도 간접적으로 학습효율에 큰 영향을 미치는 내용을 다루고 있으므로, 당신이 종합적으로 학습효율을 높이는 데 도움이 될 것이다.

그 무엇보다도 중요한 것은 조금이라도 괜찮으니까 날마다 꾸준히 공부하는 자세이다.

꾸준히 '1일 30분' 공부를 실천하면 6개월~1년이 지났을 때 풍부한 지식을 갖춘 자신을 발견할 수 있으며 충만한 자신감으로 못할 일이 없을 것만 같다. 그렇게 되면 당신의 꿈이나 목표는 이미 절반의 성공을 거둔 것이나 마찬가지이다.

'1일 30분' 공부를 꾸준히 실천하면 당신의 꿈은 현실이 된다!

자, 할 수 있는 방법부터 정하여 날마다 조금씩 꾸준히 공부해나가자!

차
례

제1장

인생은 공부한 사람이 이긴다!

20

제8장 **집중력을 높이는 공부 환경 만들기**

제
1
장

인생은
공부한 사람이
이긴다!

잘 살기 위해서
사실 누구나 공부해야 한다

'공부를 왜 해야 하는 걸까?'

공부의 동기를 어떻게 발견해야 하는지 잘 모르는 사람들이 있다. 동기부여가 안 되면 확실히 공부하고 싶은 마음이 떨어진다. **그럴 땐 공부를 안 해도 좋다!**

틀린 말이 아니다. 공부할 생각이나 각오가 없는 사람은 공부를 안 해도 괜찮다. 이미 받아야 할 의무교육은 마친 상태이니까 말이다.

공부하고 싶은 마음이란 어떤 것일까? 프랑스 파리에 가면 프로 예술가를 꿈꾸는 많은 젊은이들이 있는데, 그들은 대부분 가난하다. 그래서 식비를 줄여가며 책이나 그림 도구를 사는 학생도 있다. 일본에서 공부하고 있는 성실한 해외 유학생도 예외는 아니다. 당신에게도 이들과 같은 정열이 있나?

식비까지 줄여가며 공부를 하라는 말은 아니지만, '공부를 하고 싶다'는 욕구가 무엇까지 할 수 있게 하는지 제대로 느꼈으면 한다. 하루에 30분도 공부에 할애할 수 없는 사람은 기본적으로 공부에 대한 의지가 없다고 봐야 한다.

70세 이상의 어르신들 중에는 어려서 가정형편이 어렵거나 전쟁을 겪는 바람에 학교에 가고 싶었지만 그러지 못한 분들이 있다.

하지만 그들은 매일 밤에 무엇을 하고 있을까? TV 앞에서 시간을 보낸다. 기본적으로 공부할 의지가 없는 것이다. 공부를 하지 못한 것에 대해 아쉬움이 크고, 그래서 공부가 하고 싶다면 서점에 가서 흥미로운 책을 구입해 읽는 것만으로도 충분히 공부가 될 것이 틀림없다. 이것마저도 하지 않으면서 '정말 공부하고 싶었는데……'라고 말하는 건 변명에 불과하다.

물론 그들이 공부하려는 의욕이 없다고 단정 짓기엔 무리가 있다. **공부에는 타이밍이 굉장히 중요하기 때문이다.** '공부하고 싶다'는 생각이 들 때가 공부의욕이 가장 높은 시기이다. 이 절호의 타이밍을 놓치면 공부할 의욕도 사라진다. 따라서 '공부하고 싶다' '기술을 습득하고 싶다'는 생각이 든다면 그 기회를 절대 놓치지 말자. 이 시기에 집중해서 공부하면 평소보다 몇 배는 더 효율적으로 지식을 흡수할 수 있다. 공부하고 싶은 생각이 들었을 때 그 분야의 공부를 시작하는 것이 공부의 동기부여를 만드는 한 가지 요령이다.

나는 23세에 미국에서 유학 중이던 친구를 방문했을 때 '나도 미국에서 공부해보고 싶다'라는 생각이 들었고, 이를 계기로 30세에 미국 대학원에 진학하려는 결심을 하게 된 것이다.

군이 동기부여에 관한 충고를 하자면 이 질문을 자신에게 해보길 바란다.

'나는 현재의 자신에게 긍지를 가질 수 있나?'

그리고 자신을 성장시키고자 하는 노력 없이 이대로 10년이 흘렀을 때 자신의 모습을 상상해보자.

◆ **현재의 직업이나 지위를 지킬 수 있을까?**

◆ **지금의 수입을 유지할 수 있을까?**

◆ **현재 근무하고 있는 회사가 건재할까?**

자신에게 동기를 부여하는 요령은 또 하나의 장차 자신이 되고 싶은 모습을 상상하는 것이다.

그리고 그 상상에 다가가기 위해 지금 무엇을 해야 하는지 생각해보자. 그래야만 적극적으로 동기를 부여하는 것에 대한 의미를 발견할 수 있다.

늦게 꽃 피워도 좋으니
조금씩 꾸준히

하루에 많은 양보다는 30분에서 1시간 정도 공부하자. 이것이 작심삼일이 되지 않고 시간이 흘러도 공부를 꾸준히 하는 요령이다. 여기서 말하는 공부란 독서를 포함해 당신을 한 단계 높은 레벨로 성장시키는 모든 활동을 뜻한다.

하루에 5시간씩 1주일 동안 공부하는 것보다 날마다 30분씩 5년간 공부하는 사람이 몇 십 배 더 큰 효과를 거둔다. **공부는 습관이 되면 크게 힘들이지 않고도 할 수 있다.** 하루에 몇 시간씩 마지못해 꾸역꾸역 하다보면 공부가 싫어질 수밖에 없다.

다음 페이지의 그림을 보자.

가로축 그래프는 하루에 5시간씩 10일간 공부했을 때이고, 세로축 그래프는 하루 30분씩 300일 공부한 결과이다.

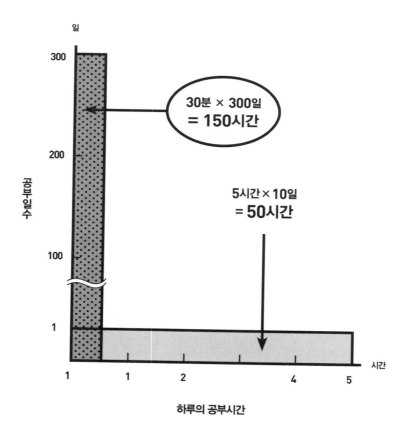

'굵고 짧게'보다는 '가늘고 길게'가 효과적!

일

300

30분 × 300일
= 150시간

200

공부일수

5시간 × 10일
= 50시간

100

1

1   1   2   4   5   시간

하루의 공부시간

공부의 총량은 그래프의 면적으로 결정되므로 가로 그래프는 5시간 ×10일=50시간이고 세로 그래프는 30분×300일=150시간이다. 이것만 보더라도 공부는 조금씩이라도 좋으니 날마다 꾸준히 하는 편이 효과가 크다는 사실을 알 수 있다.

더 중요한 것은 2년, 5년, 10년이 지날수록 양쪽은 현격한 차이를 보인다는 것이다. 당신이 꾸준히 공부하는 쪽을 선택한다면 다른 사람을 큰 차이로 이길 수 있지만, 공부하지 않는 쪽을 선택하면 시대에 뒤떨어지는 결과를 맞게 될 것이다.

어느 쪽을 선택할 것인지는 당신에게 달렸다.

간혹 단단히 마음먹고 공부를 시작하지만 작심삼일로 끝나버려서 자책하는 사람도 있을 것이다. 하지만, 3일이라도 괜찮다. 작심삼일을 1년간 50번 반복하면 연간 150일이나 공부한 것이 되지 않는가. 이 역시도 대단한 일이다.

습관이란 무의식(잠재의식)에 행동패턴을 새겨 넣는 행위를 뜻한다. 물론 처음에 습관을 바꾸려면 꽤 고통스럽지만 그 고비만 넘기면 된다. 습관을 바꾸는 것 외에 현실을 변화시킬 방법은 없다.

성공과 실패를 반복하더라도 조금씩 조금씩 공부하는 습관을 들이자. 실패하더라도 낙담하기보다는 나아지는 데 도움이 되는 힌트를 얻었다고 긍정적으로 생각하자. 나 역시 처음부터 척척 지금의 습관을 들인 것은 아니다.

여담이지만, 매스컴은 그 시대에 두각을 나타내는 사람, 예컨대 비즈니스를 예로 들면 젊은 나이에 성공한 경영자 외에는 취재하지 않는다. 하지만 나와 같이 평범한 사람은 젊어서 성공할 필요는 없다. 늦게 꽃을 피워도 좋으니 날마다 꾸준히 공부하여 마지막에 인생의 승리를 거두면 되는 것이다.

일류대학에 못 갔다고 해서 비굴해질 필요가 없다. 대학에 갔다거나 가지 못했다는 사실은 인생의 한 과정에 지나지 않는다. 어려서 했던 인생게임(판 위에서 말이나 카드를 놓고 일정한 규칙에 따라 진행하는 보드게임의 일종)처럼, 마지막에 웃을 수 있는 인생을 목표로 삼자. 그러기 위해서는 날마다, 조금씩, 꾸준히 공부해야 한다.

만일 당신이 지금 35세라면 인생을 80년으로 보았을 때 아직 절반도 오지 않은 셈이다. 그런데도 혹시 '대학을 안 나왔기 때문에' 혹은 '가정형편이 어려워서'라는 핑계를 대며 인생을 포기하고 있는 것은 아닌가?

당신은 인생을 포기하고 있지 않나?

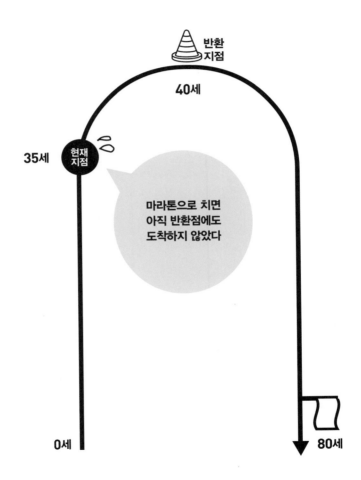

반환
지점

40세

35세

현재
지점

마라톤으로 치면
아직 반환점에도
도착하지 않았다

0세

80세

작은 햄버거 가게에서 가능성을 발견하여 맥도널드를 세계적인 규모의 패스트푸드 사업으로 발전시킨 레이 크로크(Ray Kroc)가 이 사업을 시작했을 때는 52세였다. 만일 30대, 40대에 인생을 포기했다면 이런 위대한 업적을 남기는 일은 절대 불가능했을 것이다.

그는 《성공은 휴지통 속에》라는 저서에서 "신념과 꾸준함만이 모든 것을 가능하게 한다"라고 말했다. 자신을 믿고 꾸준히 공부하면 이제껏 상상도 못한 큰 성공을 거둘 수 있다고 말이다.

살다보면 인생에서 누구에게나 다소 불리한 면은 있다. 그런 단점을 극복하고 마지막에 웃는 사람이 되려면 역전 홈런을 노리기보다 연속 안타를 쳐서 득점을 올려야 한다. 다시 말해 하루하루 꾸준히 공부하여 최종적으로 인생 게임에서 승리하면 되는 것이다.

책은 한 권씩 사고
구입한 날 읽는다

'공부'라는 말을 사용하면 학창시절 하루 종일 책상에 앉아 하던 공부를 떠올려 거부감을 느끼는 사람도 있다. 하지만 자신을 어제보다 더 높은 단계로 끌어올리기 위한 생산적인 활동 전체를 '공부'라고 표현하자. 그런 의미에서 가장 친근한 공부로는 바로 독서가 있다.

이제껏 책 읽는 습관이 몸에 배지 않은 사람은 한 달에 한 권이라도 좋으니 조금씩 습관을 기르자. 사람은 흡수(input)한 정보의 양이 적으면 성장 속도가 좀처럼 증가하지 않는다. 바꿔 말해 자신의 성장 (output)이 느린 이유는 흡수한 성장 동력이 적기 때문이다.

먼저 책을 구입하는 요령을 설명하면, 한 번에 여러 권을 구입하지 말고 되도록 한 권씩 사자. 그 편이 끝까지 책을 읽어나가는 데 훨씬 효과적이다. 내 경험상 읽지 않고 책장에 다소곳이 꽂아 놓은 책들은 하나같이 한꺼번에 많이 구입한 것들이다.

또 책은 구입한 당일부터 읽기 시작해야 한다.

앞에서도 '공부에는 타이밍이 중요하다'고 말했는데, 이는 독서를 할 때도 해당된다. **읽고 싶은 책을 발견했다면 경제적으로 무리가 없는 한 망설이지 말고 구입한다.** 그리고 그 책을 손에 들고 곧장 읽어 내려가는 것이다. 단 몇 페이지라도 좋으니 읽기 시작하는 것이 중요하다.

읽고 싶다고 생각했을 때 독서를 하면 그 정보를 훨씬 효율적으로 흡수할 수 있다. 그런데 책을 대량으로 구입하면 읽고 싶은 타이밍을 놓칠 수 있으므로 주의하길 바란다.

책을 읽기 시작했는데 재미없거나 자신에게 필요한 정보가 없다고 판단했다면 곧장 읽기를 멈추고 헌책방이나 인터넷의 중고매매 사이트에 팔아버리자. 모처럼 구입한 책이 아깝다고 자신에게 유익하지도 않은 것을 읽는 것만큼 시간낭비도 없다.

내 경우 그저 그렇다고 생각되는 책은 다섯 권에 한 권 정도 있고, 평생 소장하고픈 책은 스무 권에 한 권 정도 있었다. 따라서 좋은 책을 만나려면 일단 독서량을 어느 정도 늘려야 한다.

모처럼 책을 다 읽고 나서도 크게 도움이 안 됐다고 느껴질 때도 있다. 그 이유를 두 가지로 짐작할 수 있다.

1. 책 자체에 유익한 정보가 없다

2. 자신이 아직 그 책에서 유익한 정보를 선별해낼 만한 수준에 올라 있지 않다.

두 번째 지적이 좀 낯설지도 모르겠다.

나는 좋은 책은 몇 번씩 반복해서 읽는다. 재미있는 사실은 처음 읽을 때보다 두 번째, 세 번째 읽으면서 유익한 정보를 더 찾을 수 있다는 것이다. 또한 읽었을 당시는 유익한 정보가 별로 없다고 판단한 책을 몇 년 후에 다시 읽어보니 저자가 말하려는 의미를 이해하게 된 적도 있었다.

이는 자신에게 유익한 정보를 분별해낼 수 있는 수준에 이르렀음을 뜻한다. 자신의 수준을 파악하는 데에 독서는 매우 효과적인 방법이다.

독서 시간을 확보하는 요령으로 입욕 중에 책을 읽는 방법이 있다. 바빠서 책을 읽지 못하는 사람이라도 이 방법을 활용하면 날마다 10분에서 15분은 독서를 할 수 있다.

욕조의 수증기 때문에 책이 눅눅해질 우려가 있지만, 크게 걱정할 정도는 아니다. 책은 소모품이라 생각하고 주저 없이 책을 들고서 욕실로 들어가길 바란다.

읽지 않고 쌓아두는 것보다 눅눅하고 모양이 변하더라도 그 한 권에서 지식을 흡수하는 편이 훨씬 생산적이다.

뇌가 기억하게 만드는
반복 학습법

독일의 실험심리학자 헤르만 에빙하우스(Hermann Ebbinghaus, 1850~1909)는 인간의 기억에 관한 실험을 했다. 그에 따르면 인간은 정보를 기억해도 20분 후에 약 42%, 1시간 후에 약 56%, 9시간 후에 약 64%, 6일 후에는 약 76%를 잊어버린다고 한다.

인간의 뇌는 연속해서 사물을 기억하기보다 어느 정도의 간격을 두고 기억하는 편이 효율적이란 사실이 실험에서 증명된 것이다. 다시 말해 일정한 정보를 뇌에 보내고, 뇌가 그 정보를 잊었을 즈음에 다시 한 번 같은 정보를 뇌에 보내면 기억이 더 오래 보존된다.

반대로 말하면 단기간에 집중적으로 공부하면 기억이 오래가지 않기 때문에 정보 습득능력이 떨어진다. 따라서 반복적으로 꾸준히 공부해야 효율적으로 정보를 습득할 수 있다.

기억은 뇌가 관장하므로, 뇌과학(뇌의 신비를 밝혀내 인간의 물리적, 정신적

기능을 심층적으로 탐구하는 응용학문)의 관점에서 좀 더 상세히 설명해보자.

　인간의 뇌는 모든 정보를 기억할 수 없기 때문에 일시적으로 기억했다가 잊어버리고, 좋은 정보와 장기적으로 기억해야 할 정보를 구분한다. 뇌는 입력된 정보가 일시적으로 기억해야 할 것인지 오랫동안 기억해야 할 것인지 판단하는데, 이 분류를 담당하는 부위가 해마(海馬, 단기 기억을 저장하는 곳으로 기억과 학습에 관여)이다.

　기억의 구조를 간단히 나타내면 이렇다.

측두엽 → 해마 → 측두엽(장기 기억)

측두엽 → 해마 → 폐기(일시 기억)

　인간이 접하는 정보(**1**)는 뇌의 측두엽(뇌의 측면에 자리하며 언어와 개념적 사고, 연상을 담당)이라 불리는 부분에서 해마에게 보내진다(**2**). 이곳에서 정보를 일시적으로 임시 보존한다. 임시 보존하는 이유는 정보를 일시적으로 기억할지, 장기간 기억할지 분류하기 위해서(**3**)이다.

　해마에 일시적으로 정보가 보존되고 있는 상태에서 같은 정보가 반복적으로 전송되면 뇌는 이 정보를 중요한 정보로 판단하고 측두엽에 정보를 보내 그곳에서 장기 보존한다(**4**). 이것이 장기기억이다.

　한편, 같은 정보를 한동안 해마로 보내지 않으면 뇌는 이 정보를 별로 중요하지 않다고 판단하여 폐기해버린다(**5**). 이것이 일시기억이다.

기억의 구조

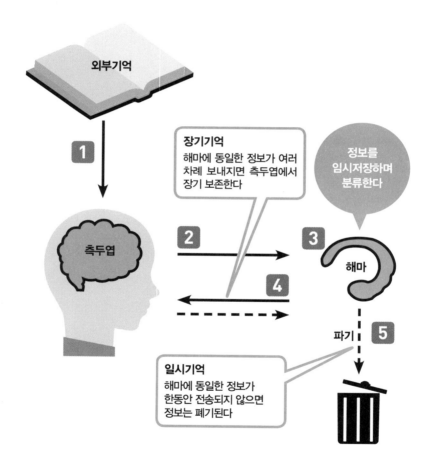

외부기억

1

측두엽

장기기억
해마에 동일한 정보가 여러 차례 보내지면 측두엽에서 장기 보존한다

정보를 임시저장하며 분류한다

2

3

4

해마

5

파기

일시기억
해마에 동일한 정보가 한동안 전송되지 않으면 정보는 폐기된다

예컨대, 당신이 영어 단어를 암기한다고 가정하자. 영어 단어 하나를 암기하면 그 정보는 측두엽을 통해 해마로 보내진다. 그리고 1주일후 또 동일한 영어 단어를 암기하면 그 정보가 다시 해마로 보내진다. 다시 1주일 후, 같은 암기학습을 반복한다. 이것을 여러 차례 반복하면이 영어 단어의 정보가 빈번히 해마로 보내지므로 뇌는 이것을 기억해야할 정보로 판단하여 다시 한 번 측두엽으로 보내 그곳에서 장기적으로 보존케 한다.

한편, 당신이 친분이 두텁지 않은 지인에게 전화를 걸었다고 하자. 이때 지인의 전화번호 정보는 해마로 보내져 일시적으로 보존된다. 그런데 이 지인에게 전화를 자주 걸지 않기 때문에 그 번호를 다시 보지않게 되고, 결국 같은 정보가 해마에 보내지지 않는다. 그러면 뇌는 한번 전달받은 이 전화번호를 장기적으로 기억할 필요가 없다고 분류하여 그것을 측두엽에 보내지 않고 폐기한다. 이 해마에서 정보를 임시보존하는 기간은 1개월이다.

그렇다면 이것을 공부방법이나 암기 방법에 적용해보자.

'어느 항목을 공부한다 → 공부하고 1주일 후에 복습한다 → 최초 복습에서 2주 후에 두 번째 복습을 한다 → 두 번째 복습 후 1개월 내에 3회째 복습을 한다'.

이것이 가장 효율적인 학습방법이다.

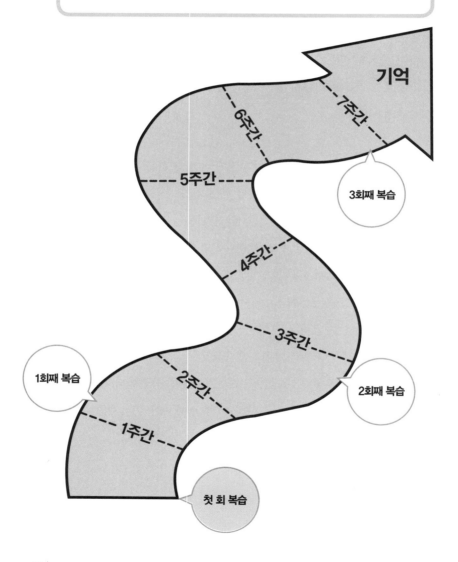

오래 기억하려면 정기적으로 반복 학습하라!

기억

7주간

6주간

5주간

4주간

3주간

2주간

1주간

3회째 복습

2회째 복습

1회째 복습

첫 회 복습

사람의 뇌가 어떤 활동을 하는지 어떤 구조로 사물을 기억하는지를 알아두면 본격적인 공부에 유리한 작용을 할 것이다.

공부의 성과는
시간이 좌우한다

공부성과를 식으로 변환한다면 나는 다음의 공식을 제안하고 싶다.

$y=(a×b×x^2)+c$

y=공부의 성과

a=교재와 서비스의 질

b=집중력

x=공부시간

c=과거의 공부 축적

식에 따르면 아무리 많은 시간을 투자해도 집중하지 못하면 성과를 거둘 수가 없지만 공부시간은 제곱으로 계산하므로 **공부시간(x)이 공부성과(y)를 결정짓는 가장 큰 요소인 것이다!** 교재와 서비스의 질(a)

나 과거의 공부 축적(c)는 공부성과(y)에 큰 영향을 미치지 않는다.

"나는 일류대학에 가지 못했기 때문에"라고 말하는 사람과 "나는 원래 공부를 못했기 때문에"라고 말하는 사람은 각각 교재와 서비스의 질(a)와 과거의 공부 축적(c)의 영향이 적다는 것에 주목하기 바란다. 덧붙이자면, 집중력(b)가 부족하다고 느끼는 사람은 공부에 대한 절박함이 없기 때문에 집중할 수 없는 것이다.

요컨대 지금까지의 공부 축적은 크게 신경 쓸 필요가 없다. 문제는 당신이 지금부터 어느 정도의 시간을 들여 꾸준히 공부하느냐 하는 것이다. 결국 x^2에서 x를 얼마나 늘리는지가 관건이다.

앞의 방정식에 대입하여 계산해 보자.

일류대학은 수업의 질이 높다고 가정하여 교재와 서비스의 질(a)를 5로 하고 그 외의 대학은 3으로 한다. 집중력(b)는 모두 1로 하고 공부 시간(x)는 현재 거의 공부하지 않는 사람을 1로, 날마다 꾸준히 공부하는 사람을 10으로 놓는다. 그리고 일류대학을 나온 사람은 과거의 공부 축적(c)가 많을 테니까 100으로 하고 과거에 공부를 별로 안 했던 사람은 0이라고 하자.

A 일류대학을 졸업한 뒤로 공부를 별로 하지 않은 타입

$Ay = 5 \times 1 \times 12 + 100 = 105$

B 삼류대학을 졸업한 뒤로 날마다 30분씩 꾸준히 공부한 타입

By=3×1×102+0=300

A타입의 공부성과(y)는 105이고, B타입은 300이다.

B타입의 공부시간(x) 값이 7이라고 해도 공부성과는 147로 A타입을 크게 앞선다! 그 이유는 '날마다 30분씩 꾸준히'에 있다.

여기서 한 가지 잘못 이해할 수 있는 부분이 있다. 하루의 공부시간을 늘리면 공부성과(y)는 어느 정도 증가한다.

그러나 100미터 단거리 경주처럼 1주일간 날마다 5시간을 학습하고 뚝딱 해치우는 공부는 아무런 의미가 없다. 지금부터 몇 년에 걸쳐 오랜 기간 마라톤을 하듯 공부를 꾸준히 해야 장기적인 관점에서 봤을 때 몇 배의 성과를 거둘 수 있다.

공부 성과를 높이는 최대 요소는 시간!

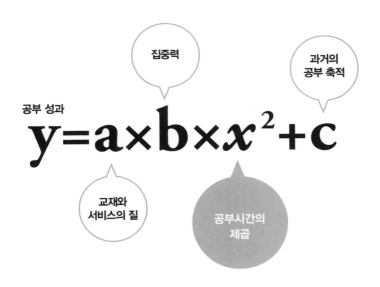

공부 성과

집중력

과거의
공부 축적

교재와
서비스의 질

공부시간의
제곱

$$y = a \times b \times x^2 + c$$

이기는 공부 전략

교재와 서비스의 질(20%), 그리고 공부의 양(80%)으로 공부성과는 결정된다고 해도 지나치지 않다. 이 안에서 다시 눈여겨볼 점은 공부에서 성과를 내기 위해서는 학습량이 교재와 서비스의 질보다 4배나 더 중요한 무게를 차지한다는 사실이다. 많은 학습자들이 적게 공부하고 많은 성과를 내려고 여러 가지 방안을 강구하지만 그런 식으로는 결코 원하는 결과를 얻지 못한다.

나는 공부의 양이 공부성과를 크게 좌우한다는 사실을 알고 있다. 학습량을 늘리지 않으면 공부성과는 절대로 오르지 않는다. 그런데 시중에는 특히 영어학습 분야에서 '편하고 간단하게' 하는 공부방법이 범람하고 있다.

비싼 영어회화 학원에 다니는 사람들이 많지만 그들 대부분이 영어회화를 제대로 못한다. 공부의 양이 압도적으로 부족하기 때문이다. 당신은 혹시 중요한 80%의 학습량을 무시하고 좋은 교재와 서비스에만 눈을 돌리고 있지 않은가?

느리지만 급격히 상승하는
공부의 누적효과

사람들은 대부분 공부성과를 2~3일 만에 거두고 싶어 하지만, 이는 거의 불가능한 일이다.

예컨대 영어 단어 20개를 외웠다고 2~3일 후에 영어를 유창하게 말하는 사람은 없다. 당신이 공부성과에 거는 기대가 지나치고 성급하기 때문에 '나는 공부 체질이 아니다'라는 이상한 논리에 빠진다.

이 내용은 굉장히 중요하므로《기억력을 높인다 - 최신 뇌과학이 말하는 기억의 구조와 훈련법》의 저자 이케가야 유우지(池谷 裕二) 씨의 말을 인용하여 뇌과학의 관점에서 공부와 성적의 관계를 살펴보고자 한다.

예컨대 지금 당신은 성적이 1인 지점에 있다. 그리고 목표를 1000으로 설정했다. 공부해서 성적이 오르면 2가 되고 더욱 열심히 공부하여 또 한 단계 상승하면 성적은 4가 된다. 이렇게 계속 노력하면 성적은 8, 16, 32, 64로 조금씩 누적효과를 나타낼 것이다.

그러나 열심히 노력했는데 현재의 성적이 아직 64에 머물러 있다. 목표한 1000을 생각하면 출발선에서 거의 나아가지 못했다는 생각이 든다. 이 지점에서 대부분의 사람들은 '이렇게 공부를 열심히 하는데 왜 성적이 안 오르는 거야?' '난 정말 공부에 소질이 없나봐'라고 심각한 고민에 빠진다. 때마침 1000의 성적을 올린 사람을 보면 '도저히 불가능한 일이야' '저런 사람을 천재라고 하겠지' '나와는 완전 다른 세계의 사람이야'라고 생각하며 절망하기에 이른다. 결국 자신의 무능력함에 낙담하여 공부를 포기한다. (중략)

이와 달리 인내심을 가지고 공부를 지속하는 사람은 그 후로 성적이 128, 256, 512로 점차 가속도가 붙으면서 상승한다. 사실 여기까지 노력해야만 마침내 공부성과를 피부로 실감할 수 있다. 그리고 이때 한 단계만 더 노력하면 마침내 성적이 1024가 되고 목표를 뛰어넘을 수 있다.

이것이 공부와 성적의 본질적 관계이다. 나아가 공부를 꾸준히 하면 어느 날 갑자기 눈앞에 망망대해가 펼쳐지듯 시야가 넓어지고 사물에 대한 이해도가 상승하는 순간이 온다. 일종의 '깨달음(득도)'과도 비슷한 체험으로, 이러한 현상은 공부의 누적효과에서 파생되는 것이다.

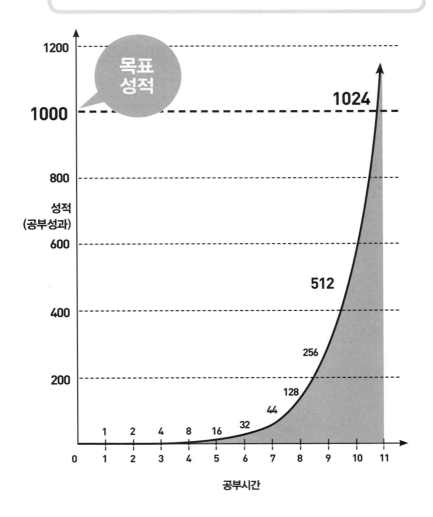

학교를 졸업하고 공부를 게을리 해서 공부 누적이 적은 상태이거나 이제 막 새로운 공부를 시작한 사람은 학습시간이 적어 공부의 누적효과가 나타나지 않는다. 다시 말해 공부성과는 1차 방정식의 상승직선처럼 올라가지 않는다.

하지만 이케가야 씨가 설명했듯 일정기간 동안 꾸준히 노력하면 누적효과가 나타나기 때문에 어느 일정 시기를 지나면 급격하게 공부성과가 드러난다. 그 기간은 반년이나 1년이 될 수도 있다. 중요한 것은 '공부성과는 즉시 눈에 보이지 않는다'는 사실을 인지하는 것이다. 공부성과의 곡선을 이해해 **자신을 잘 조절하여 꾸준히 공부한다면 분명 공부가 습관이 되고 학습의 누적효과가 발생할 것이다.**

유감스러운 일이지만 공부습관이 몸에 배지 않은 사람 대부분은 이 시기에 공부를 포기하고 만다.

지식은 돈을 주고 사야
내 것이 된다

자기 투자를 하자는 말은 바꿔 말하면 **스스로 비용을 부담하자는 말이다.**

인간은 고통을 느끼지 못하면 진지해지지 않는다. 당신이 지금까지 새로운 지식을 습득하지 못한 이유는 비용을 스스로 부담하지 않았기 때문일지도 모른다. 누구나 '반드시 투자한 만큼 본전은 뽑아야지'라고 생각한다. 나의 오랜 경험에 비추어 보면 자신이 **비용을 부담하지 않은 사람들이 지식을 흡수하는 비율은 거의 0에 가깝다.**

나는 해마다 여러 세미나에 참석하는데, 괜히 참석했다고 후회하게 만든 세미나는 지금껏 한 번도 없었다. 세미나의 질적 문제라기보다 '반드시 투자액 이상의 가치 있는 지식이나 스킬을 얻어 가겠다'라는 마음으로 참석했기 때문이다.

연간 몇 백만 원이나 되는 돈을 세미나에 투자하라고 말하는 것이 아니다. 다만 당신에게 도움이 될 만하다는 것을 알면서도 몇 만 원의 수강료가 아까워 참석하지 않는다면, 그것은 스스로 자신의 성장을 포기하는 행위임을 알아야 한다.

교재나 세미나 비용이 조금 비싸더라도 감당할 수 있는 수준이라면 자신의 기술(skill) 향상을 위해서라도 아낌없이 투자해야 한다. 오히려 그 방법이 저렴하면서도 빠르게 기술을 습득하는 길이다.

예컨대 컴퓨터 관련 1일 세미나에 10만 원을 주고 참가하면 하루에 익힐 수 있는 기술을, 시중에 나와 있는 도서로 습득하려면 얼마가 소요될까?

물론, 한 권으로 습득할 수가 없기 때문에 여러 권을 구입하게 된다. 컴퓨터 관련서적은 고가임을 감안해 한 권 당 25,000원으로 가정하면, 두 권 구입에 50,000원이 든다. 1일 세미나와의 차액은 50,000원이다. 게다가 그 두 권을 마스터하려면 몇 시간이 걸릴까? 그리고 책에서 모르는 내용이 나왔을 때 누구에게 물어보아야 할까?

당신이 세미나에 참석할까 말까를 판단하는 근거는 이 50,000원 차액을 투자할 가치가 있는가 없는가에 달려있다. 10만 원의 참가비와 비교하는 것이 아니다. 기술습득 비용, 시간절약 비용, 질문 비용을 등 모든 것을 고려해야 진정한 비교가 가능해진다.

가장 쉽게 할 수 있는 자기 투자는 책을 사는 것이다. 책이란 책을 몽땅 사라는 말은 아니지만, 도서관에서 빌려 읽으면 지식 흡수율이 적어도 10분의 1로 떨어진다는 점을 알아두자. 따라서 중고책이라도 좋으니까 되도록이면 자비를 들여 구입하자.

중소기업의 경영 컨설턴트인 란체스터 경영주식회사의 다케다 유이치(竹田 陽一) 선생과 전화통화를 했을 때, 선생도 나와 의견을 같이했다.

"좋은 뜻으로 아는 사람에게 교재를 선물했지만, 본인이 돈을 지불해 산 것이 아니라 흡수력은 10분의 1 이하로 떨어지더군요. 어쨌든 교재는 본인이 직접 사야 합니다!"

한편 지식을 효율적으로 흡수하는 요령은, 당신이 공부한 내용을 훗날 다른 사람에게 전달할 생각으로 공부하는 것이다. 그리고 실제로 배운 지식을 타인에게 가르쳐주면 흡수력이 훨씬 상승한다.

상위 5%는 이렇게
만들어진다

대학을 졸업한 후 취업을 할 때는 대학성적이나 연구성과가 중요한 평가 대상이 된다. 그리고 취직 후 사내에서 다른 부서로 이동할 때나 사비를 들여 해외유학을 희망할 때 또는 이직할 때는 그때까지의 영업성적 등 강하게 어필할 수 있는 실적이 중요하다.

여기에는 **과거의 축적된 성과들이 현재의 수입으로 이어진다**는 공통점이 있다. 대학성적이나 연구성과라는 과거의 축적으로 직장을 구하고, 업무실적이라는 과거의 축적이 새로운 지위나 연봉인상으로 연결된다.

다시 말해 지금 자기 투자를 하지 않으면 5년 후, 10년 후에 일정한 수입이 보장되지 않는다. 지금 새로운 지식을 축적해야 5년 후, 10년 후에 비로소 자기 투자의 결과가 돌아온다.

예컨대 1995년부터 7년에 걸쳐 성실하게 영어를 공부했기 때문에 현재 나는 영어 관련 사업으로 소득을 올리고 있는 것이고, 미국유학

시에 자기 투자를 했던 결실을 지금 다양한 세미나를 통해 회수하고 있는 것이다. 그래서 나는 5년 후, 10년 후를 내다보며 오늘도 자기 투자를 하고 있다.

이른바 '2:6:2의 법칙'이라는 것이 있다. 이는 사회를 구성하는 사람들이 크게 2:6:2의 비율을 이루고 있다는 이론이다.

첫 번째 2는 자신을 성장시킬 생각이 전혀 없기 때문에 자기 투자를 하지 않는 타입이며, 6은 자신을 성장시키고 싶은 마음은 있지만 구체적으로 자기 투자를 하지 않아 실제로는 아무런 발전이 없는 타입이다. 앞의 2와 6을 합한 8이 전체의 80%를 구성하는데 이들은 아무런 성장이 없으며 자기 투자와는 거리가 먼 그룹이다.

여기에 파레트의 법칙이라는 '80:20의 법칙'을 적용할 수 있다. 파레트의 법칙이란 이탈리아의 경제학자 파레트가 발견한 소득분포의 경험법칙(경험에서 귀납적으로 얻어진 사물의 인과관계와 특성에 관한 지식과 법칙)이다. 다시 말해 '매출의 80%는 직원의 20%가 만들어낸다' '상품 매출의 80%는 전체 상품 중 20%에서 발생한다' '업무성과의 80%는 전체 소비시간 중 20%의 시간에 생산한다' 등 경제 전반의 수치는 대부분 전체 구성원 중에 소수가 생산하고 있다는 이론이다.

그리고 마지막 2에 속하는 사람만이 날마다 발전을 위해 꾸준히 공부를 하고 아낌없이 자기 투자를 하는 타입이다. 바꿔 말하면 급속히 변화하는 시대에서 자신을 끊임없이 발전시키는 것이다. 세상에 경쟁이 존재한다면 그것은 이 타입에 속하는 20%의 사람들끼리 경쟁한다는 뜻이다. 나머지 80%는 경쟁상대가 되지 않는다.

당신이 자신에게 투자하고 꾸준히 공부를 한다면 그 순간 당신은 이미 상위 20%에 속한다. 이 20% 중에 상위 50%에 들면 그것은 전체의 상위 10% 이내라는 뜻이며, 좀 더 분발해 상위 20%에 들면 전체 상위 5%에 속하게 된다. **상위 5% 안에 들어가기란 의외로 간단하다.**

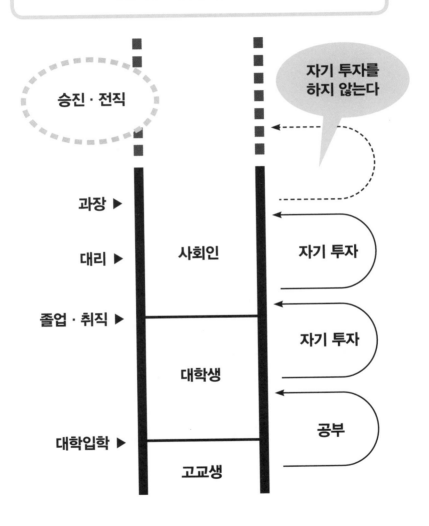

자기 투자는
훗날의 수입으로 이어진다

이쯤에서 지금까지 내가 나 자신에게 투자해 온 이력을 소개하고자 한다. 때로는 자기 투자라고 할 수 없는 경험도 있어 조금 부끄럽지만, 솔직히 공개하는 이유는 조금이나마 여러분에게 참고가 되길 바라는 마음에서다.

대학 졸업이 1년 정도 남았을 때, 나는 취직할 생각이 전혀 없었다. 당시 내게 조언을 아끼지 않았던 교수님의 말씀을 받아들여 졸업 후 1년간 유학을 가기로 마음먹었다. 하지만 학생이었던 내게 유학자금이 있을 리 없었다. 그래서 나는 유학자금을 벌기 위해 지인의 소개를 받아 덤프트럭 운전에 뛰어들었다. 직업 운전수에는 두 부류가 있는데, 하나는 회사의 차를 빌려 월급 운전수로 일하는 사람이며, 또 하나는 자신이 차를 사서 자영업 형태로 운전하는 사람이다.

나는 대학 4년생이 되기 직전부터 월급 운전수로 일을 하다가 6개월 후에는 직접 덤프트럭을 사서 주 1회 대학에 등교할 때 외에는 덤프트럭을 운전하며 혼자서 생활비와 유학자금을 벌었다. 이 경험 덕에 나는 버스나 트레일러 운전면허도 취득할 수 있었다. 그래서인지 마음 어딘가에서 '만일 사업이 실패하더라도 다시 운전을 하면 된다'는 생각에 정신적으로 안정을 유지할 수 있다.

대학을 졸업한 후에도 이 일을 1년간 지속하다가 봄에 워킹홀리데이 제도를 이용해 미국과 캐나다로 여행을 떠났다. 미국에서 체류하는 동안 마침 오리곤 주립대학(Oregon State University)에서 유학 중이던 친구를 만났다. 친구가 이수하고 있는 수업에 참관하면서 진지하게 공부하는 학생들을 보니 대학시절 성실하게 공부하지 않았던 내가 떠오르며 언젠가 미국으로 유학와서 다시 제대로 공부해야겠다는 생각이 들었다. 이 다짐은 그로부터 약 6년 후에 진짜 현실이 되었다.

미국에서 캐나다로 건너가 자전거 하나로 캠프를 하면서 40일에 걸쳐 캐나디안 로키(Canadian Rocky)를 순례했다.

당시 사진 찍기가 취미였던 나는 이 여행 중에 사진 수업을 겸하여 캐나디안 로키의 풍경을 중심으로 사진을 찍었고, 그 사진을 다시 일본에 있는 사진 전문가에게 보내어 조언을 구했다. 이 사진 교습과 카메라 기재 구입에 투자한 노력은 훗날 요미우리 신문 사진부에 취업하는

데 도움이 되었다.

캘거리를 중심으로 3개월 정도 어학원과 YMCA 영어교실에서 영어 공부를 하고 약 10개월 후에 일본으로 돌아왔다. 이때의 경험은 미국 유학 시절의 소중한 밑거름이 되었다.

그후, 요미우리 신문사의 취직시험을 운 좋게 통과했는데, 이때가 25세의 5월이었다. 그때 학생도 아니었고 입사 시기는 다음 해 4월이 었기 때문에 장기 여행을 할 수 있는 절호의 기회라 여기고, 직장인이 었던 남동생에게 돈을 빌려 유럽과 중동 그리고 중국을 6개월에 걸쳐 여행했다.

루마니아의 스트리트 칠드런(Street Children), 팔레스티나 자치구 내 가자지구(Gaza Strip)의 실태, 중국에서는 상하이(上海) 등 연안지역과 시안(西安) 등 내륙지역의 경제격차 등을 직접 확인할 수 있었다.

27세가 되던 해부터 요미우리 신문사에서 보도 카메라맨으로 일하기 시작했다. 캐나다에서의 사진 활동과 이후 프리 카메라맨으로서 경험을 쌓은 것이 여기서 빛을 발휘했다.

요미우리 신문사에서 일하기 전에 AP통신의 카메라맨과 만날 기회가 있었는데, 그에게서 "앞으로는 디지털카메라 시대이므로 디지털카메라와 컴퓨터 사용법을 배워두세요"라는 조언을 들었다.

그래서 곧장 자비를 들어 컴퓨터를 구입하고 사용법을 숙지했다. 자기 투자를 해 컴퓨터를 일찍 공부한 만큼 사진부에서 디지털카메라 취재에 가장 정통한 사람이 되었다.

디지털카메라로 사진을 찍는 것 자체는 필름카메라와 비교해 조작 방법에서 크게 차이는 없다. 문제는 그 다음이다. 컴퓨터에 정통하지 않으면 취재현장에서 그 사진 데이터를 화상 처리하여 휴대전화나 위성전화를 이용해 본사로 전송하는 작업을 할 수가 없다.

마침내 자기 투자의 결과인 이 기술을 1997년 8월 12일에 일어난 누마즈(沼津) 열차사고에서 발휘하게 되었다.

이날 23시 18분 경, JR(Japan Rail) 도카이의 도카이도혼센 누마즈역~카타하마역 사이에서 정차 중이던 화물열차를 여객열차가 추돌하여 43명의 부상자를 내는 사고가 발생했다. 당시 시즈오카 지국에서 근무하던 나는 숙직 기자로부터 '누마즈에서 열차사고가 났어. 바로 와 줘야겠어'라는 연락을 받았다.

지국에 도착했을 때는 23시 30분을 막 넘기고 있었다. 조간신문의 최종 마감은 0시 30분이다. 도저히 불가능하다는 생각을 하면서도 어쨌든 서둘러 사고현장으로 향했다. 도메이고속도로의 시즈오카↔누마즈IC 거리만도 60㎞니까, 사고 현장까지 70㎞는 족히 될 것이다. 23시 40분경에 지국을 출발하여 0시 20분경에 현장에 도착했으니, 가는 도중에 미친 듯이 차를 몰았을 모습이 쉽게 상상이 갈 것이다.

바로 여기서 예전에 덤프트럭을 운전했던 경험이 톡톡히 도움이 되었다. 안전을 유지하며 고속으로 차를 운전하는 기술도 그렇지만, 아직 내비게이션이 보급되지 않았던 시절에 길을 헤매지 않고 주소만으로 목적지에 도착할 수 있었던 것은 결코 운이 아니었다.

마감시간까지 앞으로 10분!

사고현장에 도착하니 눈앞이 깜깜했지만, 여기서 무엇 하나 실수라도 하면 절대 조간에 실을 수 없다. 초조한 마음을 억누르고 재빨리 디지털 카메라로 촬영을 했다.

그리고 다시 5분⋯⋯.

사진 전송을 위해 위성전화를 조립할 시간이 없었다. 주변을 둘러보니 노래방 간판이 보였다. "긴급 상황입니다!"라고 부탁을 하고는 전화 회선을 빌렸다.

남은 시간은 3분.

수없이 반복해 연습했기 때문에 익숙한 손놀림으로 빠르게 사진 데이터를 영상 처리하여 순식간에 본사로 전송해 일을 마쳤다.

그날 조간신문 중 요미우리 신문에만 사고현장의 사진이 실렸다. 이는 사진부에서 나의 평가가 꽤나 올라가는 기회가 되었다.

아울러, 많지는 않지만 기자 시절 기사를 쓴 경험이 현재의 집필 작업에도 도움이 된다. 기사를 쓸 때는 논리성을 잃지 않도록 세심히 주의를 기울여야 하기 때문에 나의 논리적 사고능력을 기르는 훈련이 되어주었기 때문이다.

그 결과 현재 200페이지를 넘는 긴 원고를 써도 논리성을 잃지 않을 수 있다. 이 기술이 있으면 새로운 세미나를 계획할 때도 설득력 강한 내용을 담아낼 수 있다.

덧붙이자면, 기사 원고는 나의 일본어 실력이 향상되는 계기도 되었다. 데스크에서 했던 편집 과정이 지금의 번역 작업과도 유사한 성격이다. 즉, 영어를 번역하는 능력이 있어도 모국어 실력이 부족하면 읽는 사람이 이해하기 쉬운 번역을 하기 어렵다. 당신도 비즈니스나 컴퓨터 관련 번역 서적을 읽으면서 읽기가 난해하거나 이해가 잘 되지 않는 문장을 자주 접할 것이다. 그 원인은 모두 번역가의 모국어 실력이 미숙하기 때문이다.

요미우리 신문사에 취직한 후에도 한동안 미국유학의 꿈이 머리에서 떠나지 않았다. 이때 '30세까지 미국에 가지 못하면 유학의 꿈을 포기하자'라고 마음먹고 꾸준히 영어공부를 했다. 이 자기 투자가 4년 후에 미국유학이라는 현실로 결실을 맺었다.

처음에는 유학 기간을 2년쯤 예정했으나 영어를 제대로 공부하기 위해 3년으로 연장하고 첫 1년간은 영어공부에 집중했다. 이 1년간의 자기 투자와 대학생 시절 추가 수업을 이수하여 영어 교원면허를 취득한 경력이 번역 사업과 영어교실 운영에 큰 힘이 되었고, 자비로 유학한 경험을 살려 유학상담도 제공하고 있다. 이밖에도 미국유학이란 자기 투자가 현재 각종 세미나를 제공할 수 있는 밑거름이 되고 있다.

미국에서 석사학위를 취득한 경력 덕분에 일본에서 재취업을 할 수 있었다. 한마디로 경영석사학위(MBA)라고 하지만, 2년째에는 파이낸스(finance)와 마케팅 등의 전문분야를 전공했으며, 경영정보시스템(MIS, management information system)이라는 IT관련 분야로 졸업했다. 그 결과 지금까지 쌓아 온 보도기자의 경력과는 전혀 다른 IT관련 벤처기업에 취업할 수 있었다.

그러나 이 기업은 컴퓨터 기술자로 구성된 회사였기 때문에 나의 컴퓨터 기술은 그들과는 비교도 안 될 만큼 낮은 수준이었다. 상사는 내게 컴퓨터 자격을 취득하라고 지시를 내렸다. 거의 마지못해 도전한 컴퓨터 자격시험에서 비즈니스 기회를 발견하여 번역 사업을 시작하게 되었다. 당시에는 일본의 컴퓨터 자격관련 교재의 질이 너무 낮아 나는 영어 참고서를 구해서 공부했다. 그 덕에 시험에 합격할 수 있었고 이때의 경험을 살려 하나의 사업으로서, 영어 참고서를 번역해 일본의 수험자에게 제공하기 시작하였다. 아직까지 업계의 규모는 작지만,

NO.1의 위치를 유지하고 있다. 여기서는 자기 투자가 비즈니스의 시작, 창업이라는 형태로 돌아왔다.

　나는 지금도 꾸준히 공부하고 있다. 예컨대 내가 미국에서 배운 비즈니스 이론은 대기업을 대상으로 하고 있어 중소기업과 관련된 학습은 할 수 없었다. 그래서 지금은 중소기업이 살아남기 위한 공부를 하고 있다. 최근에는 맥킨토시(Macintosh) 사용법을 배우고, 팟캐스트를 송신하거나 교재의 비디오 편집을 하고 있다.

　지금까지 나에 관한 이야기를 장황하게 소개했는데, 나 한 사람의 자기 투자 경력에서 다음 내용을 추출할 수 있다.

- ◆ 현재의 나는 과거의 축적에서 수입을 얻고 있다
- ◆ 자기 투자 대부분은 반드시 수년 후에 그 이상의 결실로 돌아온다
- ◆ 오늘 자기 투자를 하지 않으면 5년 뒤, 10년 뒤의 미래가 불확실하다

정리! 1일 30분 공부법

- '공부하고 싶다'는 생각이 들었을 때가 공부의욕이 가장 높은 때이다. 이 시기에 집중적으로 공부하면 평소보다 몇 배나 더 효율적으로 지식을 습득할 수 있다.

- 하루 5시간씩 1주일간 공부하는 것보다 날마다 30분씩 5년간 꾸준히 공부하는 것이 몇 십 배는 더 효과적이다.

- 작심삼일이라도 좋다. 작심삼일을 1년간 50번 반복하면 1년간 150일이나 공부한 결과가 된다.

- 처음 배운 날로부터 1주일 후에 복습을 하고, 그 2주 후에 두 번째 복습을 하며 다시 이때부터 1개월 이내에 세 번째 복습을 하는 방법이 가장 효율적인 학습방법이다.

- y(공부성과)=a(교재와 서비스 질)×b(집중력)×x2(공부시간의 제곱)+c(과거의 공부 축적)

- 지식을 효율적으로 습득하려면 비용을 자신이 부담한다(자기 투자를 한다). 자신이 비용을 투자하지 않는 사람은 지식의 흡수력이 거의 0에 가깝다.

- 자기 투자를 하면 반드시 몇 년 후에 결실을 거둘 수 있다.

제
2
장

공부시간을
확보하는 방법

바쁘다고 외쳐대기 전에
TV부터 꺼라

날마다 간단하게 2시간을 확보하는 방법을 전수하겠다. **바로 TV를 보지 않는 것이다.** 너무 간단하다고 화내는 사람도 있겠지만, 좀 더 자세히 설명하겠다.

자, 당신에게 다음 3가지 질문을 하겠다.

1. TV를 2시간 정도 매일같이 보면, 자신이 원하는 기술을 습득할 수 있나?

2. TV를 보고 있으면 5년 후, 10년 후에 자신이 유능한 사회인이 되어 있을까?

3. 지금까지 오랜 시간 TV를 본 결과, 무언가 습득한 기술이 있나?

대답은 모두 'NO!'일 것이다. 이 세 가지 질문만으로도 알 수 있듯이 TV에서 유익한 정보를 얻을 수 있는 확률은 거의 희박하다. 물론, 자연과학이나 경제정보 프로그램에서는 유익한 정보를 얻을 수도 있겠지만, 이마저도 머릿속에 오래 남지는 않는다. 그리고 일반적으로 보는

TV프로그램으로 대부분은 아무 이익도 안 되는 오락 프로그램이다.

인간의 신체는 섭취한 음식에서 영양을 흡수하며, 그 영양의 질에 따라 신체의 성장이나 건강이 크게 좌우된다. 이와 마찬가지로 인간의 뇌도 습득한 정보를 영양으로 흡수하는데 그 정보의 질에 따라 인격이나 능력에 큰 영향을 미친다. 다시 말해 인간은 주변 환경이나 습득한 정보의 질적 차이로 사고의 격차가 생기는 것이다.

습득한 지식이나 자기 투자에 대한 생각이 다르면 30년 후, 50년 후의 인생은 당연히 큰 차이가 나기 마련이다. 도움이 안 되는 TV를 계속 시청한 사람이 10년 후에도 아무런 성장 없이 제자리에 머물러 있는 것은 당연한 결과이다.

속는 셈 치고 1주일간, 아니 3일간만 TV를 멀리 해보자.

항상 시간에 쫓긴다고 생각했는데 갑자기 무료함이 밀려오며 할 일이 없어질 것이다.

만약 가족들로 인해 TV의 전원을 끄기가 어려울 때는 자신은 TV를 보지 말고 집에 사두었던 책이나 전문서적을 읽는다.

다시 말해 다른 사람들이 오락 프로그램을 보며 깔깔대고 있을 때 당신은 자신의 성장에 도움이 되는 공부를 하는 것이다. 수면 시간을 줄일 필요도 없이 지금까지 TV 시청에 썼던 시간을 자기 투자 시간으로 돌리기만 하면 된다. 예컨대 TV를 보는 데 소비했던 2시간 중 1시간은 새로운 기술 습득을 위해 투자하고, 나머지 1시간은 가족과 함께 할 수도 있다.

하지만, 'TV를 보지 않으면 생활이 안 된다'며 나의 제안에 거부감을 느끼는 사람도 있을 것이다. 그렇다면, 당신이 지금까지 소중한 인생(시간)을 얼마나 낭비해 왔는지 계산해보자. 수치화해서 나타내면 더욱 명확해질 것이다.

평일에는 최소 2시간정도 TV를 본다는 가정 하에 1년을 52주로 환산하여 계산하면 52주×5일(평일)×2(시간)은 520시간이다. 여기에 주말에 5시간씩 TV를 본다고 했을 때 52주×2일(토, 일)×5(시간)도 520시간이다. 둘을 합하면 총 1040시간이 된다. 게다가 연말연시에는 휴일이 있기 때문에 시간이 늘어나겠지만, 다소 적더라도 이 수치를 사용하자.

앞에 나온 연간 총 시청시간을 24(시간)로 나누면 43, 즉 43일이 된다.

결국 "바쁘다, 바쁘다"를 외쳐대는 당신이 정작 1년 중 1개월 반에 가까운 시간을 TV 보는 데 소비하고 있는 것이다.

게다가 충격적인 사실이 또 하나 있다. 1040시간을 24(시간)로 나누는 것은 현실적이지 못하다. 왜냐하면 사람은 하루에 7시간 정도는 자야 하니까 말이다. 따라서 실질적으로 1040시간÷17(24시간에서 수면시간을 뺀 숫자)의 답은……. **61일이다!**

결국 당신은 1년 중 약 2개월을 TV 보는 데 쏟아 붓고 있다는 말이 된다. 이는 연간 총 활동시간의 약 17%에 해당된다. 바꿔 말하면 TV를 보지 않는다면 신이 당신에게 6년마다 1년의 인생(시간)을 더 선물하는 결과가 된다.

당신의 남은 인생에 이것을 적용해 보자. 인간의 평균 수명을 80세로 보았을 때 몇 년의 시간이 절약될까?

예컨대, 현재 32세인 사람이 80세까지 48년간 산다고 가정하자. 만일 이 사람이 TV를 보는 습관이 없다면, 이 사람은 TV를 보며 지낸 사람에 비해 8년의 시간을 더 사용할 수 있다. 결과적으로 80세에 죽는다고 해도 사실상 88세까지 산 것이나 다름없다. TV에 시간을 낭비하지 않으면 건강보조식품을 사는 데 돈을 쓸 필요가 없고, 실질적인 활동시간 역시 늘릴 수 있다.

이 내용을 잘 인식하길 바란다. 살면서 TV를 전혀 안 볼 수는 없겠지만, 절반으로 줄이기만 해도 1년 중 실질적인 활동시간이 1개월이나 늘어난다.

무의식중에 TV를 보는 행동이 얼마나 많은 시간을 낭비하는지 수치를 통해 분명히 이해했을 것이다. TV에 할애했던 시간을 잘 조절하면 시간 확보는 생각보다 간단하다. 게다가 이 시간을 공부에 사용하면 손쉽게 라이벌을 이길 수 있다.

그래도 꼭 TV를 보고 싶다면, 녹화해 두었다가 나중에 보는 방법을 추천한다. 광고를 빨리 돌리거나 건너뛰면 60분 분량의 프로를 약 40분 내에 볼 수 있기 때문이다. 나 또한 이 방법으로 비즈니스 관련 방송을 보고 있다.

최근에는 인터넷이 TV 역할을 대체하고 있다. 무의미한 인터넷 서핑도 역시 시간을 낭비하는 행동이다. 인터넷 서핑이나 이메일 체크도 되도록 필요한 범위 내에서만 하자.

나는 이 방법을 이용해 귀가 후에는 출퇴근길의 공부시간 외에도 하루에 3~4시간의 공부시간을 확보했으며, 아무래도 TV가 있으면 보고 싶은 마음이 생기므로 아예 TV 자체를 집 안에서 없애버렸다.

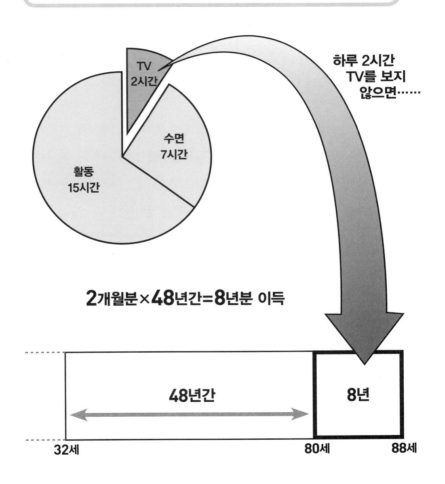

TV를 보지 않으면 수명이 연장된다!

TV
2시간

수면
7시간

활동
15시간

하루 2시간
TV를 보지
않으면……

2개월분×48년간=8년분 이득

48년간

8년

32세   80세   88세

회사에서 티 안나게
공부하는 요령

나는 과거에 약 4년간 보도관련 업계에 종사했기 때문에 시간관리에 엄격한 편이다. 반면 일반 회사에 다니며 알게 된 사실은, 회사원은 기자만큼 다급하게 시간에 쫓기며 일을 해본 적이 거의 없기 때문에 내 기준에서는 업무 속도가 굉장히 느리다는 것이다.

이때 조금만 방법을 달리 하면 3시간 걸릴 일을 2시간 만에 끝낼 수 있다. 남는 1시간은 기술 습득을 위해 쓸 수 있다. 가능한 한 일상적인 업무를 서둘러 마치고 남는 시간을 기술습득에 할애하자.

일반적으로 업무와 관련된 공부는 동료나 상사가 트집을 잡지 않지만, 반응이 안 좋다면 근무시간 내에 맡은 일을 마무리하고 잔업 시간대에 기술공부를 하자. 신문사 시절, 나는 개인 소지용으로 노트북을 1대 구입하여 사진전송 연습을 하거나 인터넷 서핑을 하며 기사의 소재를 찾았다. 당연히 업무와 관련 있는 활동이므로 불평을 들은 기억은 한 번도 없다.

한편, 점심시간 1시간을 모두 식사에 소비하지 않도록 하자. 어차피 점심식사는 30분이면 충분하므로 나머지 30분을 공부에 할애하는 것이다. 점심에는 너무 혼잡하므로 오전 11시 30분쯤 일을 일단락 지은 다음 덜 혼잡한 시간대에 점심식사를 하는 방법도 있다.

다만, '동료들도 있는데 나 혼자만 서둘러 일을 마무리 하고 공부할 수는 없다'고 생각하는 편이라면 점심시간에 회사에서 공부시간을 확보하는 방법은 포기하자.

똑같이 노력하면
똑같은 미래만 있을 뿐

당신도 잘 알고 있는 바와 같이 회사 내의 평가는 상대적이다. 평가의 기준은 내가 동료보다 일을 잘 해낼 수 있는 능력이 얼마나 더 뛰어나느냐로 결정된다. 다른 회사로 옮기더라도 결국 새로운 회사의 동료와 비교하여 내 능력이 얼마나 차별점이 있느냐로 평가가 결정된다.

동료와 같은 행동을 하고 같은 습관을 가졌으면서 5년 후, 10년 후에 자신이 동료보다 한 단계 높은 레벨에 있겠다는 꿈은 꿀 수가 없다. 같은 수준에서 노력한다면, 시간이 지나도 같은 위치에 있을 수밖에 없다.

동료보다 더 나은 위치에 있기 위해서는 더 많은 자기 투자를 해야만 하는데, 이를 위해서는 시간 확보가 우선이다. 일을 빨리 처리하기 위해서 시작하기 전에 **'이 일을 1시간 안에 마치자'**라고 업무 처리시간을 미리 정해보자. 마치 일종의 훈련처럼 하루하루 조금씩 업무처리 속도를 올리려는 의지를 가져야 한다.

나는 기자 시절 일을 단시간에 끝내는 기술을 익혔다. 신문의 조간이나 석간에는 마감시간이 정해져 있기 때문에 마감까지 30분 남았으면 30분 이내에 일을 마쳐야 하고 10분 남았으면 10분 이내에 일을 마쳐야 한다. 자연히 일을 빨리 처리하는 습관이 길러졌고, 이후에도 이 습관은 쉽게 없어지지 않았다.

겉으로 보기에는 같은 시간을 사용하고 있는 것처럼 보여도 단시간에 일을 마치고 나머지 시간에 공부하는 사람들은 수 년 이내에 분명히 동료와 차별화될 수밖에 없다.

한편으로는 회사에서 동료나 상사와의 관계도 무척 중요하다. 사내 인간관계를 무시하면서까지 행동하는 것은 위험하기 때문에 융통성있게 찾아 공부시간을 확보하자.

집 & 회사 밖
나만의 이동서재 만들기

　집에서는 아이들 때문에 정신이 사나워 공부에 집중할 수가 없다는 사람들이 많다. 그렇다면 업무가 끝나고 회사에 남아 공부를 조금 하고 퇴근하거나 아니면 30분~1시간 정도 빨리 출근하여 공부하는 것을 어떨까. 회사에서 공부할 때 좋은 점은 책상과 의자, 컴퓨터 등 모든 환경이 갖추어져 있다는 것이며, 곤란한 점은 동료나 상사가 놀릴 가능성이 있다는 것이다.

　회사에 남아 공부하는 방법이 내키지 않는 사람은 카페에 가기를 추천한다. 4~5천 원 정도의 투자로 책상과 의자 그리고 조명이 확보되는 것은 얼마나 멋진 일인가. 그리고 여기에 소음차단용 귀마개까지 갖추면 30분~1시간 정도 바짝 집중해서 공부할 수 있다.

　일주일에 5일 정도 매일 4~5천 원, 한 달이면 8~10만 원이 지출되므로 비싸다고 느낄지도 모르겠다. 그렇지만 다른 방법으로도 자신만의 서재를 확보하기란 쉽지 않다. 만일 서재가 확보되더라도 아이들이 소란을 피워 공부에 방해가 되면, 서재는 무용지물이다. 결과적으로 카페에서 **음료수에 지불하는 돈은 시간과 장소를 확보하기 위한 비용으로 생각하자.**

매월 8~10만 원의 비용으로 집 밖에 이동서재를 가질 수 있다면, 비용이 그리 많이 드는 것도 아니다. 이처럼 집이나 회사 밖에서도 공부시간은 확보할 수 있다.

아울러 아침 일찍 또는 회사에 남아서 하루에 단 30분이라도 좋으니 꾸준히 공부하자. 다시 한 번 말하지만 습관을 들여 거의 매일같이 공부를 지속하는 자세가 중요하다.

예컨대 하루에 30분씩, 주 5일을 연간 52주 꾸준히 공부하면 1년에 130시간을, 하루에 1시간씩이면 연간 260시간 공부한 결과가 된다. 연간 130시간 공부했다면 하루 8시간씩 16일 이상 공부한 시간과 같으며, 연간 260시간 공부했다면 1개월 이상 꾸준히 공부한 시간과 같다.

하지만 기본은 하루 30분~1시간의 공부이며, 업무시간을 잘 조절하면 하루에 30분~1시간을 확보하여 공부하는 일은 얼마든지 가능해질 것이다.

따로 시간 낼 필요 없는
출퇴근시간 공부법

회사원 중에는 출퇴근시간을 활용하여 공부하는 사람들이 많다. 이 출퇴근 시간을 이용하는 요령을 몇 가지 전수한다.

우선 신문은 빠르게 요점만 파악하면 되므로 신문을 읽는 데 30분 ~40분 이상 투자하지 않는다. 만일 특정 업계에 종사하고 있다면 업계에서 발행하는 신문(건축신문이나 금융신문 등)을 읽는 편이 상세한 정보를 더 많이 얻을 수 있다.

다음은 지하철 이용에 관한 내용이다.

먼저, 공부를 하려면 최대한 앉아서 가는 게 좋은데, 1~2역 정도 거슬러 올라가 10분 정도 돌아가게 되더라도 자리에 앉을 수 있다면, 그 방법을 선택하여 지하철 안에서 공부를 하자.

내가 이용하는 역은 종점이기 때문에 아침에는 15분 정도 기다리면 반드시 앉아서 출근할 수 있다. 그리고 회사에서 퇴근할 때도 반대

방향의 전철을 타고 두세 역만 돌아가면 앉아서 집에 갈 확률이 거의 90%이기 때문에 나는 늘 그 방법을 택했다.

그 다음, 공부를 하지 못하는 상황이라면 출퇴근시간에 조금이라도 컨디션 회복에 힘써본다. 예컨대, 귀갓길 전철 안에서 피로가 느껴질 때는 공부하기보다는 눈을 잠시 붙였다가 집에 돌아온 후에 공부하는 편이 더 효과적일 수 있다.

머리가 맑을 때는 지하철 안에서 확보한 시간을 이용해 공부를 하고 그날은 30분 정도 빨리 잠자리에 들어 평상시보다 수면을 충분히 취해 내일을 준비한다. 유난히 피곤한 날은 1시간 정도 일찍 자고 다음 날 1시간 일찍 일어나 공부하자.

결국 공부하는 행위 자체는 중요치 않다. **자신의 컨디션이 좋을 때 집중하여 공부하는 방법이 가장 효율적인 학습 방법이다.**

아무래도 공부를 막 시작한 초기에는 지식의 흡수보다 공부하는 행위 자체에 가치를 두기 때문에 효율적이지 않은 방법이라도 무리하여 공부를 하려고 한다. 왜냐하면 공부성과는 바로 눈에 보이지 않기 때문에 공부한다는 행위를 통해 '지식을 흡수했다'는 만족을 얻으려는 것이다.

도저히 앉아서 출퇴근할 수 없는 사람은 이 방법을 포기하고 서 있는 상태에서 비즈니스 서적과 참고서적을 읽자.

날마다 출퇴근 시간을 이용하면 최소한 한 달에 책을 네 권 읽을 수 있다. 편도 출퇴근 시간이 45분이라면 공부를 위해 매월 33시간(90분× 22일), 연간 약 400시간을 확보할 수 있다.

출퇴근할 때 하는 공부는 생산성이 전혀 없었던시간을 이용하는 것이기 때문에 따로 시간을 내지 않아도 된다.

지하철 안에서 책을 읽거나 공부하지 않고 단순히 멍하게 사람들을 바라보는 이들이 있는가 하면 최근에는 스마트폰 게임을 하는 회사원들도 많이 볼 수 있다. 이런 비생산적인 시간은 최소한으로 줄이고 자신의 성장을 위한 공부시간을 확보하자. '5분도 낭비할 수 없다!'는 생각만 있으면 1년 동안 꽤 많은 시간을 공부에 충당할 수 있다.

사진기자 시절에 당시 워싱턴포스트지 일본지국장을 역임했던 톰 리드 씨를 취재하는 자리에서 나는 시간에 대한 그의 자세를 보고 깊은 감명을 받았다.

동료기자와 함께 리드 씨의 사무실에 도착해 보니, 그는 방금 전까지도 일을 하고 있었다. 간단하게 인사를 나눈 뒤에 동료가 "인터뷰를 녹음해도 괜찮겠습니까?"라고 양해를 구하고 테이프 레코더를 꺼내어 인터뷰 준비를 시작했다. 녹음 준비가 완료될 때까지 거의 10초 정도가 걸렸는데 그 때의 리드 씨 모습을 보고 놀라고 말았다.

리드 씨는 기자가 준비하는 짧은 시간마저 아까운 듯 다시 책상 위에 눈길을 주며 일을 계속했다. 단 10초라도 일을 진행시키기 위해! 보통 사람이라면 가만히 앉아 기다렸을 텐데 말이다.

5분은커녕 단 몇 초도 헛되이 보내지 않고 시간을 활용하는 능력을 엿보았던 순간이다.

'듣는 공부'의 힘

자동차나 도보로 출퇴근할 때는 가능한 한 라디오나 음악을 듣지 말고 그 시간을 공부에 할애하자. 미국에서는 책을 낭독해주는 오디오북이 인기를 얻고 있지만, 아직까지 전세계적으로는 널리 보급되지 않은 상태이다. 하지만 자신이 직접 만드는 방법도 있다!

조금 아날로그적인 방법이지만, 예컨대 당신이 영어나 자격시험을 공부하고 있다면 중요한 부분을 직접 녹음하여 이동 중에 듣는 것이다. 시각적 자극보다 청각적 자극이 기억의 효율성을 높인다고 한다. 자기 목소리를 듣기가 조금 부끄럽겠지만 다른 사람에게는 들리지 않으므로 크게 신경 쓸 필요는 없다. 녹음이 번거로운 사람은 이동 중에 하는 공부를 포기하거나 판매용 MP3나 음성학습 프로그램을 구입해 듣는다.

나는 운전을 할 때면 따로 구입한 영어회화 오디오북을 틀어 놓는다. 또한, 영어 오디오 CD나 비즈니스관련 학습교재를 iPod에 넣어 걸으면서 청취하기도 한다. 영어 CD는 영어실력을 유지하기 위해 듣고 있으며, 비즈니스와 관련해서는 스몰비즈니스 공부를 중심으로 하고 있다. 단 몇 정거장을 이동하더라도 반드시 듣는 편이다. 이동 중에 하는 공부는 책상에 앉아서 하는 것과 물론 다르지만 그 효과는 매우 뛰어나다.

한편, 음성을 이용해 공부하면 반복학습이 가능하다는 장점이 있다. 같은 책을 열 번 반복하여 읽는 것은 힘들지만 **음성으로는 열 번을 들어도 크게 힘들지 않다.** 앞에서도 언급했지만, 지식을 흡수할 때는 반복학습이 중요하다.

음성을 이용하면 비생산적인 이동시간을 생산적인 공부시간으로 바꿀 수 있으며, 반복학습이 가능하므로 굉장히 효율적이다.

여유롭게 즐기는
휴일의 공부

나는 유학을 준비할 때 휴일에는 하루 10시간 이상을 공부했다. 하지만, 자격시험 등의 특별한 목적이 없는 한 모두가 이렇게까지 공부할 필요는 없다.

개인차는 있겠지만, 휴일에는 하루 2~3시간 정도 공부하면 충분하다. 휴일에는 시간적 여유가 있기 때문에 잘 활용하면 2~3시간 정도는 공부를 위해 할애할 수 있다. 공부라고 특별히 어렵게 생각할 필요는 없다. 책을 읽거나 자신을 한 단계 높은 레벨로 끌어올리는 생산적인 활동을 해도 좋다.

2~3시간의 공부를 계획했다면, 아침에 느지막이 일어나 일단 오후 2시까지 1시간 정도 공부를 한 후, 오후 8시까지는 자유롭게 자신이 원하는 일을 하고 적어도 오후 10시까지 1시간 정도 더 공부를 하면 하루 2~3시간의 공부 시간을 확보할 수 있다.

가족이 있을 때는 가족과 시간을 조정하자. 어린 자녀가 있으면 아이가 깨기 전이나 잠든 후에 공부에 집중할 수 있을 것이다.

아침 공부가 제맛이다

일반적으로 아침에 하는 공부가 효율적이다.

왜냐하면 공부를 방해하는 유혹이 적기 때문이다. 예컨대, 아침 시간대에는 TV를 켜도 재미있는 프로그램이 없지만, 밤 시간대에는 TV, 모임 등 다양한 유혹의 손길이 존재한다.

또한, 이른 아침에는 심리적으로 시간의 속도가 느리다는 의견이 있다. 이것을 증명할 방법은 없지만, 나의 오랜 공부 경험에서 봐도 **아침의 시간이 느리게 느껴진다.** 같은 1시간이라도 아침 1시간은 저녁 1시간 반이나 2시간 정도와 동일하게 느껴진다. 따라서 아침 4시 반경에 일어나 2~3시간 정도 공부하면 그날 해야 하는 공부 대부분은 끝낼 수 있다.

한번 속는 셈치고 일찍 일어나 2시간 정도 공부해 보자. 야간에 똑같이 2시간을 공부해도 공부 진행 속도가 전혀 다르다는 것을 느낄 수 있다.

만약 아침이 공부하기에 좀 더 효율적이라는 생각이 든다면 아침형으로 생활습관을 바꾸라는 충고를 하고 싶다. 저녁형에 비해 시간활용의 효과나 공부의 효율이 훨씬 뛰어나기 때문이다. 나 역시도 미국유학 시절에 밤 10시쯤 잠자리에 들어서 매일 아침 4시 반쯤에 일어나 예습을 했다.

정리! 1일 30분 공부법

- TV보는 시간을 줄이는 것만으로 1년 동안 공부 시간을 약 2개월 확보할 수 있다.

- 회사에는 공부 도구가 모두 갖추어져 있다. 30분~1시간 빨리 출근하여 공부하자. 카페도 공부를 할 수 있는 공간으로 활용하자.

- 편도 45분 출퇴근 시간을 공부에 할애하면 연간 약 400시간의 공부시간을 확보할 수 있다.

- 이동시간(자동차, 도보)에는 소리를 이용해 공부한다.

- 생활습관을 아침형으로 바꾸어 아침에 공부하는 편이 효율적이다.

일하기 전에 "○○시간 안에 끝내자"라고 정해놓은 뒤 일을 시작하니, 대체로 계획대로 마칠 수 있었다. 그리고 남는 시간에는 나의 개인적 기술을 향상시키는 데 썼다. 날마다 최저 30분씩 공부시간으로 확보하고 있다.

하루하루의 실천이 쌓이자 업무에 필요한 지식이 증가했다. 그리고 이 지식의 축적은 날마다 꾸준히 해야만 체감할 수 있다는 사실을 깨달았다.

TV에 쓰는 시간을 줄이면서 아이와 놀아주거나 가족과 함께 하는 시간을 가질 수 있었다. 그밖에도 수면시간에는 무리하여 공부하지 않고 있다. 예전에는 일을 끝내고 나서 저녁에 공부를 했지만 역시 흡수율이 좋지 않았다.

또한, 전날 하지 못한 공부는 아침 출근길의 전철에서 하고 있다. 전철에서 하는 공부는 약간의 진동 탓인지 흡수율이 좋은 느낌이었다. 아울러 계획하고 나서 행동하는 습관이 생겼다.

도쿄(東京)의 A씨

제
3
장

집중력을
끌어올리는
노하우

집중력 높이기 ①
일단, 몸과 마음을 상쾌하게

회사에서 돌아와 공부를 하려고 해도 몸이 땀으로 끈적거리면 기분이 불쾌해 공부에 집중할 수가 없다. 이럴 때는 먼저 목욕이나 샤워를 하여 심신을 상쾌하게 한 다음 공부를 시작하자. 나는 발에 땀이 차면 공부에 집중하지 못하기 때문에 집에 돌아온 후에는 반드시 발을 먼저 씻는 버릇이 있다.

또 졸리거나 배가 고플 때도 집중력이 떨어지기도 하고, 방의 온도가 쾌적하지 않거나 소음이 심할 때도 역시 공부의 효율이 좋지 않다. 이처럼 집중하기 힘든 환경에서는 공부의 효율이 현저히 저하되므로 가능한 한 몸과 마음이 상쾌한 환경을 만들어 공부할 수 있게 하자.

한창 유학 준비로 공부할 때 나는 시간이 아까워 집에 돌아오면 곧바로 책상에 앉아 공부를 시작했다. 하지만 좀처럼 집중을 할 수가 없어 '어째서일까?' 하고 원인을 생각하다보니 결국 심신이 느끼는 불쾌

감 때문이라는 사실을 알았다. 카메라 기자의 일은 꽤나 중노동에 속하기 때문에 하루 일과를 마칠 때쯤이면 땀범벅이 되어 있었던 것이다.

집중하기 힘든 환경에서 공부하면 효율이 떨어진다는 생각은 유학을 하면서 점차 확신으로 굳어졌다. 졸린 상태에서는 공부를 해도 집중력이 낮아 지식 흡수가 거의 안 되기 때문이다. 도대체 무엇을 위해 시간과 노력을 투자하여 공부하는지 전혀 알 수가 없었다.

어떻게 하면 효율적으로 지식을 흡수할 수 있을지 고민한 결과 '집중력이 높을 때 공부하고 집중력이 낮을 때는 되도록 공부를 하지 않는다'는 결론에 도달했다. 그리고 이를 위해서는 반드시 심신이 상쾌한 환경을 만들어야만 한다.

집중력 높이기②
뇌에게 공부는 좋은 것이라 알려준다

인간의 집중력은 그다지 오래 지속되지 못한다. 나는 길어야 30분이 한계다.

그런데 공부하는 습관이 몸에 배지 않은 사람일수록 집중력이 떨어진 후에도 무리해서 계속 공부를 한다. 결국 마지못해 공부하고 있는 것이다. 이 상태가 오래가면 다음과 같이 뇌가 공부를 기분 좋지 않은 감정과 연관시키게 된다.

공부=인내, 불쾌, 지겹다

당신은 열심히 공부할 생각이지만, 장기적으로는 이 '마지못해 하는 공부' 때문에 오래 공부할 수 없게 된다. 공부 자체가 싫어지기 때문이다.

뇌의 행동 패턴을 살펴보면 굉장히 단순하다는 사실을 알 수 있다.

1. 고통을 피한다
2. 쾌락을 추구한다

마지못해 하는 공부는 뇌에게 고통일 뿐이므로 뇌는 고통을 피하기 위해 공부를 중단하라는 지시를 내리고 더 이상 공부를 지속할 수 없게 한다.

덧붙이면, 공부의 효율이 가장 높고 집중력이 강한 시간대는 사람마다 제각기 다르다(나는 아침형을 권장하지만). 아침에 집중력이 가장 좋은 사람이 있는 한편, 반대로 밤에 좋은 사람도 있다. 어느 정도 공부를 계속하다 보면 자신이 가장 편하게 공부할 수 있는 시간대를 알 수 있다. 따라서 그 시간대에 공부 일정을 짜고 능률이 오르지 않는 시간대는 단호하게 공부를 포기하고 취미생활 등 자유시간으로 활용하거나 집중력이 크게 필요하지 않는 일을 하자.

나는 휴일에는 오후 1시부터 5시까지 공부할 의욕이 전혀 생기지 않는다.

싫증을 느끼기 전에
과감히 쉰다

뇌에 '공부=고통'이란 인식을 심어주지 않으려면 정기적으로 휴식을 취해야만 한다.

나는 30분간 공부하고 15분간 휴식하는 패턴을 반복한다. 개인마다 차이가 있으므로 15분 공부하고 15분 휴식하거나 이제 막 공부에 습관을 들이기 시작한 사람은 15분 공부하고 45분 휴식해도 괜찮다.

요점은 비교적 짧은 시간의 '공부→ 휴식' 사이클을 한 세트로 하여 이것을 2~3세트 반복하면 간단하게 1~2시간 공부할 수 있다. **집중력이 떨어져 공부가 싫어지기 전에 공부를 (일시)중단한다는 것이 바로 요령이다.**

이 부분은 굉장히 중요하기 때문에 강조해두고 싶다.

공부 자체를 싫어하면 몇 년에 걸쳐 꾸준히 공부할 수가 없다. 공부 습관을 기르는 요령은 집중력이 높을 때 공부하고 조금이라도 싫증이

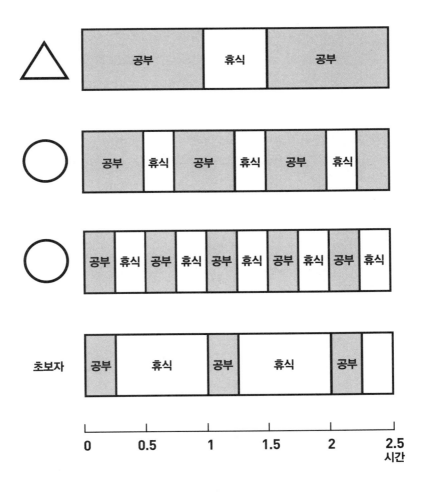

'공부 + 휴식 = 1set'를 자신의 페이스로!

나면 바로 중단하여 공부가 싫어지는 상황을 사전에 피하는 것이다. 다시 말해 싫증을 느끼고 난 다음에 휴식을 취하지 말고 **싫증을 느끼기 전에 미리 쉬어야 한다.**

내가 이 사실을 깨닫게 경위를 이야기해보려 한다.

대학 수업은 90분 강의가 일반적이라 나는 유학을 준비하면서 그에 맞춰 한 번에 90분 정도 공부를 했다. 그런데 도무지 30분 이상은 공부에 집중할 수가 없는 것이다. 처음에는 장시간 집중하지 못하는 나 자신에게 화가 났다.

그러던 어느 날 '인간은 생각만큼 오랜 시간을 집중하지 못할 수도 있다'는 생각이 스치고 지나갔다. 그리고 시행착오를 거듭한 끝에 방법을 바꿨다. 무리하게 1시간을 공부하고 완전히 녹초가 된 후에 30분을 쉬기보다 '30분 공부→15분 휴식'을 반복했다. 그랬더니 공부를 다시 시작했을 때 피로감이 덜 느껴지며 '공부=고통, 지겨움'과 같은 감정이 거의 생기지 않았다.

이치는 간단하다. 힘든 공부라도 15분~30분 정도는 계속할 수 있지만 몇 시간을 계속한다면 그만큼 공부 의욕이 감소할 수밖에 없다.

등산가 노구치 켄(野口 健) 씨가 TV에 나와 한 이야기가 있다.

"등산할 때의 요령은 자주 짧은 휴식을 취하는 것이다"

다시 말해 피로를 느끼기 전에 휴식을 취하여 장시간 등산을 가능하게 한다는 의견은 나의 생각과 거의 일치한다. 오랜 시간 하려면 공부도 등산처럼 페이스 조절이 중요한 만큼 이 원칙을 꼭 지키자.

진정한 휴식, 독서

나는 휴식시간에 읽고 싶었던 책을 읽는다. '휴식시간에 독서를 하면 뇌가 쉴 틈이 없다'라고 생각할 수도 있지만, 괜찮다. 공부하는 내용이 다르거나 흡수한 정보의 종류가 바뀌면 그때마다 뇌의 다른 부위가 작동하기 때문이다.

간단히 설명하면, 수학 공부에 싫증을 느꼈다고 해서 공부 자체에 싫증이 났다고는 할 수 없다. 공부하는 과목이나 내용을 바꾸어주면 다시 원만하게 집중할 수 있다. 나는 한 가지 공부를 한 다음에는 휴식시간에 독서를 하기 때문에 공부와 독서의 효율을 비약적으로 향상시킬 수 있었다.

한 겸업작가는 책상이 두 개라고 한다. 한쪽 책상에서는 소설을 쓰고, 그 작업에 싫증이 나면 또 다른 책상으로 가 다른 일을 진행한다. 다시 그 일이 지겨워지면 원래 책상으로 돌아가 소설 창작을 계속한다. 이것은 흡수(input) 또는 생산(output)하는 정보의 종류가 다르면 뇌가 피로를 느끼지 않는다는 증거이기도 하다.

그러므로 속는 셈치고, 휴식시간에 15분 정도 책을 읽어보자.

공부와 공부 사이의 휴식시간을 효율적으로 활용하면 한 달에 책 한두 권은 거뜬히 읽을 수 있다. 그러니까 이젠 "바빠서 책을 일지 못한다"는 변명을 하지 못할 것이다.

오랜 시간
지치지 않고 공부하기

앞의 내용을 읽으면 '인간은 공부하는 과목을 바꾸면 몇 시간이라도 싫증을 내지 않고 공부할 수 있다'라고 해석할 수도 있다. 그러나 실제로는 몇 시간에 걸쳐 계속해서 공부하면 공부 자체에 싫증이 나고 만다. 나의 경험에서 보면 공부에 싫증이 나는 원인에는 세 가지가 있다.

1. 같은 과목을 공부하기가 지겹다

2. 같은 장소에서 공부하기가 싫증난다

3. 1,2의 두 가지 이유로 싫증난다

먼저, '집중력이 떨어졌다' 또는 '지겹다'라고 느껴지기 시작하면 곧바로 공부를 그만두자. 그 상태로 마지못해 공부를 하면 일단 지식이 눈에 들어오지 않고 뇌가 '공부=고통'이라고 인식하게 되어 공부 자체가 싫어질 가능성이 있다.

그렇다면 1,2,3과 같은 상황에 맞닥뜨리면 어떻게 할까? 같은 과목을 공부하기가 지겨울 때는 앞에서도 말했듯이 다른 과목을 공부한다. 같은 장소에서 공부하기가 싫증난다거나 두 가지가 다 원인일 때는 다른 방에서 공부하는 방법이 있다.

나는 카페나 레스토랑, 도서관 등을 이용한다. 4천 원 정도의 음료수를 주문한 뒤, 소음차단용 귀마개를 끼고 약 1시간 정도 공부한다. 그리고 또 이곳에서 싫증이 나면 곧바로 공부를 중단하고 또 다른 카페나 레스토랑으로 가서 다시 1시간 정도 공부한다. 이렇게 하면 1~2시간은 충분히 공부할 수 있다.

여기에서, 돈을 써야 하는 사실에 거부감을 느끼는 사람도 있을 것이다. 그러나 자택에서 마지못해 효율도 오르지 않는 공부를 하거나 아예 공부를 그만두기보다는 4천 원 정도 투자해서 능률을 올리는 편이 오히려 이득이다. 다시 말해 새로운 지식을 흡수하는 효과를 높이기 위해 기꺼이 카페나 레스토랑에 돈을 지불하는 것이다.

뇌과학적인 관점에서 설명하면, 공부에 싫증을 느끼는 감각은 뇌에서 보내는 중요한 사인이다. 인간의 몸은 완벽한 구조로 이루어져 있다. 아무리 좋아하는 케이크라도 과식을 하면 혈당이 올라가 어느 시점에 이르러선 더 이상 먹고 싶은 마음이 없어지고, 또 욕조에 오랫동안 들어가 있으면 체온이 상승하여 밖으로 나오고 싶어진다.

결국 공부에 싫증을 느끼는 이유도 뇌에서 사인을 보내기 때문이다. "더 이상 정보를 흡수해도 뇌가 정리를 하지 못하니 이제 공부를 중단하라"고 말하는 것이다. 그러므로 뇌에서 보내는 사인에 주의를 기울여, 공부가 지겨워지기 시작하면 곧바로 공부를 일시중단하는 것이 현명한 학습방법이다.

목표만 명확하다면
결국 다시 공부하게 된다

장기간 공부를 하다보면 아무리 해도 공부할 마음이 생기지 않는다 거나, 의욕이 나지 않는 시기가 꼭 한 번은 찾아온다. 이것은 누구에게 나 일어날 수 있으므로 걱정하지 않아도 된다.

나도 유학을 준비하면서 휴일에 10시간이나 공부하는 날이 한동안 계속되자 어느 날 갑자기 더는 공부하고 싶지 않다, 공부할 마음이 생 기지 않는다는 생각을 하기에 이르렀다.

대부분은 이런 생각이 들어도 억지로 공부를 계속한다. 하지만 실 제로는 집중이 안 되기 때문에 지식 흡수율은 거의 제로에 가깝다.

이때는 과감히 2~3일간 공부에서 완전히 손을 떼는 방법을 권장한 다. 결과적으로 3~4일째가 되면 '요 며칠 공부를 안 했으니 중기목표 달성이 어렵겠는걸. 이를 어쩌지……'라는 초조한 감정이 생기므로 그 때 다시 공부를 시작한다.

진자(pendulum)를 상상해 보자.

현재 당신이 열심히 공부를 하여 진자가 시계 9시에 와 있다고 하자. 이 상태에서는 단번에 진자를 3시 지점까지 보낼 수 있다. 다시 말해, 공부계획이나 목표를 세운 사람은 공부에 전혀 손을 대지 않고 영화를 보거나 맛있는 음식을 먹으면서 한동안 공부를 멀리하게 되면 이상하게도 자연히 공부하고 싶은 마음이 생긴다.

결국, 진자를 3시 지점에 보내어 공부를 멀리하는 환경을 만들면 진자의 원리에 따라 진자는 다시 9시 상태로 돌아가 공부하고 싶다는 생각을 하게 되는 것이다.

그런데 많은 사람들이 의욕이 생기지 않을 때도 공부가 뒤처진다는 불안 때문에 진자를 5시 정도의 어중간한 상태에 놓고 휴식을 취하려고 한다. 하지만 이 상태에서는 아무리 시간이 지나도 공부를 다시 시작할 의욕이 좀처럼 생기지 않는다. 아직 완전히 공부와 멀어지지 않았기 때문이다. 그리고 공부를 다시 시작할 때가 오면 마지못해 공부를 시작하게 된다. 이것은 나의 경험을 보더라도 잘 알 수 있다.

진자를 3시 지점으로 한 번 보내놓으면 마음 어딘가에 공부를 중단하여 계획에 지장을 준다는 초조함이 생겨 진지한 마음으로 공부를 다시 시작할 수 있다.

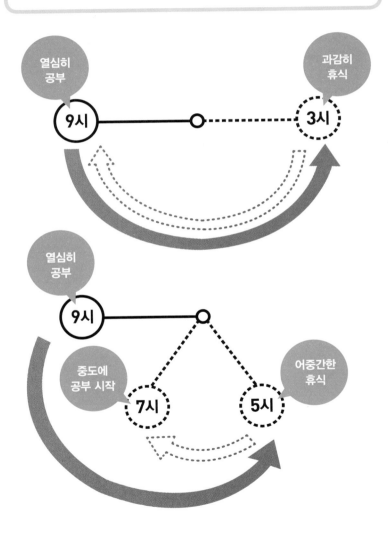

의욕이 생기지 않을 때는 과감히 공부를 그만두자!

열심히
공부

9시

과감히
휴식

3시

열심히
공부

9시

중도에
공부 시작

7시

어중간한
휴식

5시

정리! 1일 30분 공부법

- '단시간 공부(30분) → 휴식(15분)'을 1세트로 하여 2~3세트 반복한다. 집중력이 떨어져 공부가 싫어지기 전에 중단하는 것이 요령이다.

- 장시간 공부를 하여 집중력이 떨어지거나, 싫증을 느끼기 시작하면 곧바로 공부를 중단한다.

- 장시간 공부를 하여 공부할 마음이 생기지 않거나 의욕이 없는 시기가 오면 2~3일 완전히 공부에서 손을 놓을 것. 계획이나 목표가 명확한 사람은 진자의 원리에 따라 자연스럽게 의욕이 생긴다.

제
4
장

완전히
달라지는
장·단기
공부 전략

짧은 시간에 결과를 내는
단기집중형 공부법

자격시험이 코앞에 닥친 사람은 공부를 날마다 조금씩 하는 방법보다는 단기집중형으로 공부해야 한다. 나 역시 재취업한 뒤 2~3개월 내에 컴퓨터 자격을 취득해야 했다.

이때 명심해야 할 사항은 공부를 시작하는 시기이다. 예컨대 12월에 자격시험이 있다고 가정한다면 일반적으로 사람들은 3개월 전인 9월 정도에 공부를 시작한다. 하지만, 이런 마음가짐을 가진 사람은 당연히 불합격하고 또 다시 시험공부에 시간을 투자해야 할지도 모른다.

따라서 하루라도 빨리 공부를 시작해 한 번에 합격하는 편이 오히려 공부에 적은 시간을 투자하는 셈이다.

단기간에 결과를 내야 할 때 날마다 조금씩 공부하는 방법은 효과가 없다. 평일은 최소한 3시간 이상, 휴일은 8시간 이상 공부해야만 단기간에 좋은 결과를 낼 수 있다. 단기집중형 공부의 요령은 당신의 모든 활동을 시험공부에 집중하는 것이다.

반대로 말하면, 공부 이외의 활동은 모두 자제한다. 신문 읽기도 공부와 관계가 없으므로 생략하고 동료와의 회식자리도 삼가며 당연히 TV는 절대 보지 않는다. 이렇게 절약한 시간을 모두 공부에 집중해야 한다. 때로는 휴식도 필요하지만 이렇게 공부하지 않으면 단기간에 자신이 원하는 결과를 얻기란 쉽지 않다.

지금까지 설명한 방법으로 출퇴근시간이나 휴일에도 효율적으로 공부하자. 당연히 힘들 때가 있을 것이다. 그러나 사회적으로 인정받는 자격시험 중에 쉽게 합격할 수 있는 자격은 없다. 반대로 어렵기 때문에 자격을 취득했을 때 그 가치와 기쁨은 더 크지 않을까?

단기집중형 공부는
실패할 확률도 크다

나는 유학전략 컨설팅을 하면서 여러 종류의 사람을 만난다. 그중에는 내가 "유학 관련 조사나 공부를 서둘러 시작해야 합니다"라고 조언을 하면 "아니요, 저는 막상 일이 닥쳐야 집중력이 높아집니다"라고 답하는 사람들이 있다. 이런 답변을 들을 때마다 '이 사람은 유학은 가겠지만, 유학 생활에는 실패할 타입이다'라는 생각을 한다.

이 타입의 사람은 유학을 완전히 일본의 대학시험 정도로 착각하고 있는 것이다. 만일 TOFEL 시험에서 목표한 점수를 획득하여 합격통지를 받더라도, 영어회화 같은 실무적인 능력은 언제 기르려는 것일까?

여기서 내가 말하고 싶은 요점은 이렇다.

역시 공부성과를 내는 데 가장 중요한 요소는 시간이다. 그런데 이 타입은 '막상 닥쳐야 집중할 수 있다'며 의도적으로 소중한 시간을 낭비하고 있다. 왜 시간을 내 편으로 만들지 않는 것일까?

어차피 같은 시험공부를 할 생각이라면 어째서 하루라도 빨리 시작해 성공 확률을 높이려고 노력하지 않는지 이해가 가지 않는다.

준비가 부족해 불합격하면 생각할 게 많아진다. 시험을 한 번 더 봐야 한다거나 유학의 꿈이 몇 년 후로 늦춰질 수 있으며, 최악의 경우 유학 자체가 불가능해질 수도 있다. 결국, 불행해지는 사람은 바로 나 자신이다.

단기집중형 공부와 장기계획형 공부를 비교하면, 당연히 단기집중형 공부가 체력적으로 힘들다. 때로는 수면시간을 줄여야 할 상황도 생긴다.

그러므로 비교적 여유가 있다면 조금 일찍 준비를 시작해 장기계획형 공부로 합격 확률을 높이자. 시간이 있는데도 직전까지 손을 놓고 있다가 시험이 다가와서야 공부를 시작하는 것은 좋은 선택이라 할 수 없다.

느리지만 반드시 목표를 이루는
장기계획형 공부법

단기집중형 공부는 시간이 한정되어 있기 때문에 무리를 해서라도 하루의 공부시간을 가능한 한 많이 확보해야 한다. 당연히 정신적으로나 육체적으로 힘들다.

한편, 장기계획형 공부는 조금 적다고 생각될 만큼 공부의 양을 줄이는 대신 날마다 꾸준히 하는 것이 요령이다. 이 방법은 나의 실제 체험에서 터득한 것이다.

유학 공부를 시작했을 무렵에는 '30세까지 꼭 유학을 가야 한다'는 초조함 때문에 의외로 하루 학습량이 많아졌다. 그러나 무리한 공부가 4~5일 계속되자 수면부족 등으로 그후 2~3일은 전혀 공부를 하지 못했다. 이 생활이 몇 번 반복되자 공부 진도는 제자리걸음이었다. 이런 현실 때문에 우울하기까지 했다.

실패를 몇 번 반복하던 어느 날 단순하게 계산을 해보았다.

평일에는 매일 4시간씩 공부한다고 가정했을 때 주 4일을 계속한 다음 지쳐서 3일간은 전혀 공부를 하지 못하면 1주일 동안 16시간 공부했다는 결론이 나온다.

매일 4시간 × 주 4일 = 주 16시간 → 3일 휴식 → 주 16시간

한편, 하루 공부시간을 1시간 줄여 3시간씩 주 6일을 공부하면 18시간, 주 7일 공부하면 21시간이 된다.

매일 3시간 × 주 6일 = 주 18시간 or 매일 3시간 × 주 7일 = 주 18시간

나에게 정신적으로나 육체적으로 부담을 주지 않는 수준에서 날마다 꾸준히 공부하는 편이 결과적으로는 공부의 축적량이 증가한다는 사실을 깨달았다. 그때부터는 공부시간을 조금씩 줄여 몸에 부담을 주지 않는 한편, 되도록 날마다 꾸준히 공부를 했다.

즉, 공부시간의 평준화였다. 그리고 뒤에 설명하겠지만, 공부 계획도 자신에게 적합한 일정으로 변경했다.

시간적 여유가 있다면 단기집중형 공부는 피하는 편이 좋다고 앞서 말했다. 장기계획형 공부의 장점은 하루의 공부량을 줄여 심신의 부담을 줄이면서 장기적으로 꾸준히 공부해 목표달성의 확률을 높이는 것이다. 아주 효율적인 공부법이다.

아울러 나는 집필활동을 하면서 마감에 쫓기는 일이 별로 없다. 장기계획형 공부법을 집필활동에 적용하여 매일 1페이지 분량의 원고를 쓰려고 노력한다. 하루에 고작 1페이지라도 연간 250일을 꾸준히 하면 250페이지 분량의 원고를 쓸 수 있다. 나는 오늘도 이 방법으로 원고를 쓰고 블로그를 운영하고 있다.

고독함은
공부의 단짝친구다

퀴즈를 하나 내겠다. 사람들은 이 감정을 견디지 못하고 짧게는 몇 개월에서 길게는 몇 년이 소요되는 공부를 중단하고 만다. 그 감정은 대체 어떤 것일까?

바로 고독함이다.

공부는 혼자 한다. 친구와 수다를 떨며 공부할 수도 있겠지만 거의 드문 일이고 대개는 혼자서 할 수밖에 없다. 다른 사람이 옆에 있는데 어떻게 집중하여 지식을 흡수할 수 있을까.

공부만이 아니라 창작활동 역시 혼자만의 시간을 가지고 집중해야 하나의 작품이 완성된다. 예술가 파블로 피카소가 친구와 왁자지껄하게 떠들면서 창작활동을 하지는 않았을 것이다.

단기집중형과 장기계획형 중 어떤 공부법을 선택하든 공부를 시작하면 필연적으로 혼자 있는 시간이 많아지게 된다. 이때 고독함은 피할 수 없는 감정이다. 주위에서 응원을 해준다고 해도 공부를 하는 동안은 고독하다. 때문에 당신이 무언가 큰 목표를 가지고 공부를 시작했다면 이 감정이 찾아올 순간에 대해서 처음부터 알고 있는 편이 좋다.

나 역시 이 감정을 경험했다. 유학을 준비하던 4년간도 그랬고, 유학 생활을 하던 3년간도 역시 그랬다. 재미있는 사실은 공부에 집중하고 있을 때는 느끼지 못하다가 공부 전후의 휴식시간에 긴장이 풀리면서 이 감정이 찾아온다.

이런 감정에 대처하려면 자신이 공부하는 이유를 명확히 알고 목표를 확고하게 설정해야 한다. 자격취득이나 유학 등의 목표가 확고하게 서 있으면, 이를 악물고 이 감정을 다스리게 된다.

냉정하게 들리겠지만, 이 감정을 도저히 견딜 수 없다면 공부를 그만두고 친구와 어울리면 문제는 해결된다. **학교를 졸업한 당신에게 그 누구도 공부하라고 애원하지 않는다.** 어디까지나 자신이 원해서 공부하고 있는 것이다.

정리! 1일 30분 공부법

- 단기적으로 성과를 내고 싶을 때에도 목전에 닥칠 때까지 기다리지 말고 미리미리 공부를 시작한다.

- 단기집중형 학습에서는 공부에만 집중한다. 공부와 관계없는 활동은 되도록 자제하고 평일 3시간, 휴일 8시간 이상 공부한다.

- 장기계획형 학습은 하루의 공부량을 조금 적게 책정하여 날마다 꾸준히 공부하는 것이 요령이다. 결과적으로는 공부의 축적량이 증가할 것이다.

- 공부하는 동안에는 고독할 수밖에 없다. 고독을 견디려면 공부하는 목적을 확고하게 설정한다.

나는 자격시험을 목표로 공부하고 있는데(일과 병행하여), 2개월 정도는 열심히 공부하지만 한 번 의욕을 상실하면 회복이 쉽지 않아 불합격되는 상황을 반복하고 있다. 지금은 지식이 축적되어 성적이 조금씩 오르고 있지만 내세울 정도는 아니다.

그래서 자격시험에 관한 공부법 책을 몇 권 읽었다. '강한 의지를 가지고 공부를 지속하라', '동기부여를 명확히 하라'고 말하는 책이 있어 실천해보려 했지만 무슨 이유에선지 잘 되지 않았다. 참고가 되는 내용도 많았지만 중요한 무언가가 빠져있다는 느낌이 들었다.

마침 〈1일 30분〉을 읽고 그동안 부족했던 부분이 무엇인지 깨달았다. '오늘 할 일을 보이는 곳에 적어 둔다' '작심삼일이라도 괜찮다. 날마다 꾸준히 공부하는 것이 중요하다' 등을 구체적으로 언급하고 있다.

머리가 좋고 나쁨은 상관없이 공부습관을 들이고 날마다 목표를 정하여 꾸준히 공부해나가는 것이 중요하다고 가르쳐준 사람은 이제까지 단 한 사람도 없었다. 만일 있었다고 해도 너무 추상적이어서 참고가 되지 못했다.

〈1일 30분〉은 공부하는 습관이 몸에 배지 않은 사람이라는 전제로 한 설명들이 많은 도움이 되었다. 생각해보면 기존에 내가 읽은 책은 '공부습관이 이미 몸에 밴 사람'을 전제로 하고 있기 때문에 보통 사람들을 위한 '공부습관을 들이는 방법론'이 누락되어 있었던 것이다.

특히 〈1일 30분〉에서 '습관이 되지 않은 사람은 당연히 좌절을 겪기 마련이며 이때 공부를 포기하지 않도록 우선 작은 실천부터 시작해보자'라고 지적한 부분이 많은 힘이 되었다.

나의 최대 의문이 바로 '어떻게 하면 공부습관을 들일 수 있을까?'였던 것이다. 무엇이든 한 번에 하려고 하면 또 좌절하게 되므로 날마다 조금씩 전진해나가려고 마음먹었다.

아이치(愛知) W씨

제
5
장

빠르고
요령있게 익히는
영어 학습법

아무리 공부해도
영어실력이 늘지 않는다면

　꾸준히 공부하는 이들 중에는 영어실력을 키우려는 사람이 많을 것
이다. 하지만, 현실은 그렇게 호락호락하지 않아서 지금껏 영어 공부
를 꾸준히 해온 사람들 대부분은 자신이 원하는 영어실력을 달성하지
못해 고심 중이다.

　나도 마찬가지로 영어 학습으로 고민을 많이 했다. 일본에서는
TOEFL시험에서 고득점을 취득했지만 막상 미국유학을 시작할 때 나
의 영어실력이 형편없다는 사실을 뼈저리게 실감했다. TV 드라마나
뉴스 내용이 절반도 귀에 들어오지 않았고 영어로 이야기를 해도 상대
가 나의 말을 알아듣지 못했으며 영자신문을 읽어도 무슨 내용인지 전
혀 알 수가 없었다.

　이런 쓰라린 경험이 거듭되면서 지금까지 해온 TOEFL 등의 시험을
위한 공부를 그만두고 실생활에서 사용할 수 있는 영어공부로 전환하

게 되었다. 그리고 마침내 TV 드라마나 뉴스 내용을 대부분 알아들을
수 있었으며 거의 100% 영어회화가 가능해졌다. 약간의 전문지식이
필요한 영자신문도 무리 없이 읽을 수 있게 되었다. 그리고 귀국 후 처
음 본 TOEIC시험에서는 980점을 취득했다.

이 장에서는 간단하게 (1)영어가 늘지 않는 원인과 (2)그 해결책에
대해 조언한다.

30

왜 영어실력이 늘지 않을까?
(1)

영어공부에도 다양한 분야가 있는데, '꾸준히 영어회화를 공부하고 있는데 좀처럼 실력이 늘지 않는다'라고 말한다면 대부분은 회회를 뜻한다. 그 주요 원인 중 하나가 **공부의 영역을 잘못 선택했기 때문이다.**

공부의 영역이란 무엇일까?

공부 영역의 차이를 설명할 때 나는 늘 낚시를 예로 들어 설명한다.

자, 낚시하는 모습을 상상해 보자. 낚시를 할 때 주의할 점은 목표한 물고기가 살고 있는 서식지를 파악하는 일이다. 물고기는 적당한 수온을 찾아 이동하기 때문에 날마다 머무는 수심이 다르다.

예컨대, 그날 외부 온도가 낮으면 수온도 내려가기 때문에 수온이 높은 깊이 1미터±25센티미터 정도의 수면 가까이까지 물고기가 이동한다. 이 물고기가 유영하고 있는 약 50센티미터 폭의 수중 생식지를

'서식지'라 부른다.

한편 그날 외부 온도가 높으면 수온도 올라가기 때문에 이번에는 깊이 3미터±25센티미터 부분에 물고기가 모인다. 때문에 그날 노리는 물고기가 수심 3미터의 서식지에 있는데 수심 1미터 부근에 미끼를 던지면 물고기는 절대 낚을 수가 없다. 물고기가 없어서가 아니라 먹이를 내리는 서식지를 잘못 선택했기 때문에 낚지 못하는 것이다.

많은 영어학습자가 잘못된 낚시법과 마찬가지로 목표지점을 잘못 선택하고 있다. 아무리 영어회화 공부를 해도 전혀 진전이 없는 이유는 필요한 공부의 영역을 잘못 선택했기 때문이다.

고등학교나 대학교 입학시험을 위한 영어공부나 TOEIC, TOEFL 등의 시험을 위한 영어공부는 비교적 레벨이 높다. 예컨대 abandon(버리다)나 postpone(연기하다) 등은 조금 어려운 영어에 속하지 않는가.

현지 사람들은 be동사, take, get, make 등의 간단한 단어를 조합해 문장을 만들고, 일상회화에서 **훨씬 쉬운 영어를 사용한다.** 사실은 영어학습자 대부분은 그들이 사용하지 않는 영어를 배우고 있는 것이다.

영어 단어나 숙어를 암기하고 영문법을 아무리 공부해도 영어회화는 절대 불가능하다. TOEIC, TOEFL, 영어시험에서 고득점을 받아도 실제 생활에서는 만족스럽게 영어를 구사하지 못한다. 공부의 영역이 완전히 어긋나 있기 때문에 나타나는 당연한 결과이다. 현지인은 좀 어렵거나 간접적인 표현, 어려운 단어는 거의 사용하지 않는다.

나 또한 TOEFL 점수는 우수했지만, 현지에서는 영어가 통하지 않았다. 한참만에야 이 사실을 깨닫고 **영어 공부의 영역을 바꾸었다.** 그런데 이를 이해하려면 어느 정도 영어실력을 쌓아야 한다. 예컨대 와인 맛이 좋은지 나쁜지는 어느 정도 와인을 마셔 혀의 감각이 발달한 사람이 아니면 그 차이를 알 수 없는 것처럼 말이다.

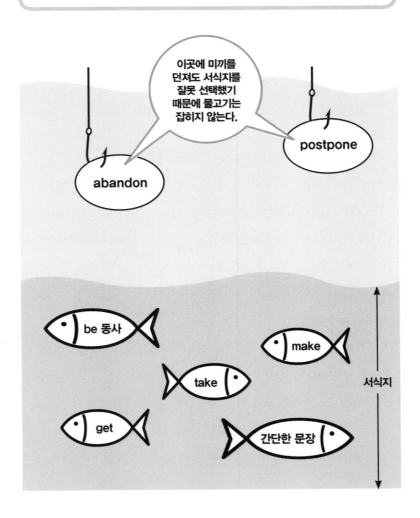

왜 영어실력이 늘지 않을까?
(2)

왜 영어실력이 늘지 않을까?

간단하다. **공부의 양이 절대적으로 부족하기 때문이다.**

'소수정예로 운영하는 영어회화 학원에 1년간 다녔는데, 영어회화가 전혀 늘지 않았습니다'라고 말하는 상담자가 많다. 하지만 몇 가지 질문을 해보면 소수정예나 원어민 강사학원, 고액학원 어떤 방법이든 실력이 늘지 않는 이유는 한 가지, 본인의 영어공부 시간이 절대적으로 부족하기 때문이다.

'그 학원에서는 몇 시간 정도 영어를 공부하나요?'라고 물으면 보통 '1주일에 40분'이라고 답한다. '학원 밖에서도 개인적으로 공부를 했습니까?'라고 물으면 한결같이 '하지 않았습니다'라고 답한다.

이 정도의 학습량으로 영어회화를 할 수 있다고 생각하는 자체가 잘못된 것이다. 왜냐하면, 영어공부를 거의 하지 않은 것이나 다름없기 때문이다.

실제로 계산해 보자.

주 1회 40분씩, 1년(52주)간 공부했다면 얼마나 영어를 공부했을까? 답은 **고작 34시간**에 지나지 않는다. 이 정도의 학습량으로 어떻게 한 나라의 언어를 배울 수 있단 말일까?

실례되는 표현이지만, 1년에 고작 34시간 정도 습득(input)하는 행위를 공부라 할 수 없다. 단지 여가 활동인 것이다. 수많은 영어학습 상담을 해보면 스스로 영어를 공부하고 있다고 말하는 사람의 80%는 영어학습을 여가활동 수준으로 하고 있는 정도다.

뒤에서 자세히 설명하겠지만 1~3년 정도의 비교적 단기간에 영어 실력을 향상시키고 싶다면 최소한 1년에 750시간은 공부해야 한다.

회회&독해&작문별
실력 향상 노하우

회화편

영어회화 공부를 할 때는 원어민이 자주 사용하는 문장을 통째로 암기하라는 충고를 아끼지 않는다. 암기라고 하면 부정적으로 받아들이는 사람도 있겠지만, 기본적인 문장을 익히지 않으면 영어회화는 거의 불가능하다.

회화가 어려운 이유는 명백하다.

자신이 말하고자 하는 내용은 머릿속에서 모국어→영어로 번역하고 들은 것을 영어→모국어로 번역하기 때문이다. 결국 몇 초 정도의 아주 짧은 대화를 나누면서도 머릿속에서는 번역작업을 몇 번씩 반복하고 있는 것이다. 이 같은 방법으로는 결코 영어회화 실력에 속도가 붙지 않는다.

이 문제를 해결하는 방법은 원어민이 자주 사용하는 기본문장을 암기하는 수밖에 없다. 기본문장을 암기해 두면 머릿속에서 번역작업(모국어→영어) 없이 표현하고 싶은 문장이 바로 튀어나온다.

한 번 문장을 외우면 다음은 응용의 문제다. 예컨대, '나는 그 일과는 상관없다'는 문장을 'I have nothing to do with it'으로 외우고 있다면 I have nothing to do with~까지는 알고 있으므로 여기까지는 무리 없이 말할 수 있다.

그러므로 '나는 이 사고와는 관계없다'라고 말하고 싶으면 마지막의 it을 the accident로 바꾸면 된다. 따라서 'I have nothing to do with the accident'라고 거의 순간적으로 문장을 완성할 수 있다.

반면, 이 기본문장을 암기하지 않은 초보자는 어떨까?

1. '나는 이 사고와는 관계없다'는 문장을 머리에 떠올린다
2. 이에 해당하는 단어를 생각해낸다
3. 문장의 구문을 생각한다
4. 영어로 말한다

이 같은 번거로운 작업을 거치게 된다.

그 결과, 단어와 구문을 머릿속으로 열심히 생각해 입으로 나올 때까지 4~5초의 시간이 걸리고 최악의 상황은 말하고 싶은 내용을 영어

기본문장만 암기하면 응용할 수 있다!

● 문장을 외우고 있는 사람

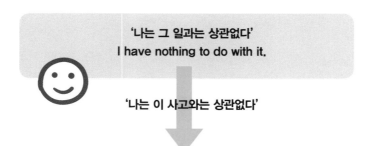

'나는 그 일과는 상관없다'
I have nothing to do with it.

'나는 이 사고와는 상관없다'

I have nothing to do with the accident.

● 문장을 외우지 못한 사람

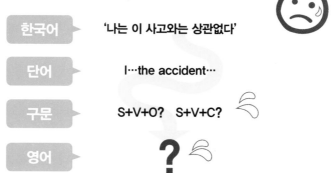

한국어	'나는 이 사고와는 상관없다'
단어	I···the accident···
구문	S+V+O?　S+V+C?
영어	?

로 표현하지 못할 수도 있다.

그러면, 원어민이 많이 사용하는 문장은 어디서 보고 들을 수 있을까? 바로 TV 드라마 시리즈이다. 나는 유학 중에 TV 드라마에서 많이 사용하는 기본문장을 철저하게 익히며 영어회화를 습득했다.

예컨대, 'She's really into it.'은 어떤 의미일까? '그녀는 그것에 흠뻑 빠져있다'는 뜻이다.

영어회화에서 좌절을 느끼는 큰 원인 중 하나가 문장을 들었을 때 단어나 문법은 간단한데, 그 의미파악이 어려운 문장이 많이 등장하기 때문이다. 바로 이것이 공부의 영역이 어긋나 있다는 증거다.

대학시험이나 TOEIC, TOEFL 등의 영어시험처럼 레벨이 높은 공부만 해서는 이런 문장에 대응할 수가 없다. 당연히 암기하고 있지 않으면 이러한 문장을 입 밖으로 내지 못한다.

점차 익숙해지면 가능한 한 소리 내어 말해 보자. 암기한 문장을 사용하면서 눈에 보이는 상황을 아나운서가 중계하듯 영어로 말해보자. 나는 이 훈련을 '실황중계 스피치'라고 부른다.

이 책을 읽는 사람의 대부분은 회사원일 것이다. 따라서 '나에게 필요한 영어는 가정에서 사용하는 일상 회화가 아니라 비즈니스 회화다'라고 주장할 것 같다.

그런데 약간의 전문용어를 제하고 나면 비즈니스 회화와 일상 회화에 큰 차이는 없다.

한 가지 질문하겠다. 당신의 언어에는 일상 회화와 비즈니스 회화라는 차원이 다른 2종류의 회화가 존재하나? 비즈니스 경험이 없는 신입사원은 비즈니스 회화를 사용한 적이 없기 때문에 최초의 비즈니스 현장에서 대화하기가 힘들까? 이런 일은 있을 수 없다.

예전에 비즈니스 영어에 강하다고 어필하는 모 유명 회화학원에서 무료수업 청강을 했을 때의 일이다. 내가 원어민 강사에게 '비즈니스 회화라고 말하는데 사실 전문용어를 몇 가지 사용한다는 점 말고는 일상회화와 거의 같지 않나?'라고 말하자, '쉿!'하고 목소리를 낮추라는 동작을 한 후 '일반적으로 사람들은 이 사실을 모르고 있다'라며 속내를 털어놓았다.

듣기(Listening)편

①기본문장 암기

기본문장을 암기하는 학습법은 듣기에도 많은 도움이 된다. 예를 들어보자.

1. 기본문장을 암기하고 있는 중급자

2. 영어회화 초보자

두 사람이 동일한 10개의 문장(합계 70단어)으로 된 영어회화를 15초 동안 듣는다고 가정하자. 결국 1문장 당 1.5초로 내용을 파악해야 한다.

이 중급자는 기본문장을 많이 외우고 있기 때문에 이미 암기하고 있던 7문장을 간단하게 알아들었다. 암기하고 있는 문장은 머릿속에서 번역작업(영어→모국어) 없이 **영어로 바로 이해하기 때문에** 나머지 3문장만 집중하여 들으면 회화 내용을 간단하게 파악할 수 있다.

이에 비해 초보자는 기본문장을 모르기 때문에 평균 7단어의 1문장을 불과 1.5초의 짧은 시간에 머릿속에서 재빨리 영어→모국어로 번역하는 작업을 하면서 내용을 파악해야 한다. 게다가 1단어도 놓치면 안된다는 생각으로 단어 하나, 문장 하나에 집중한다.

자, 이 초보자는 내용을 파악했을까? 거의 불가능하다

역시 TV 드라마 시리즈를 가능한 많이 보면서 기본문장의 암기 양을 늘리는 방법이 바람직하다.

②듣기＆보기(seeing)

영어 소리를 듣기만 하는 듣기(Listening) 학습은 특히 초보자에게는 어려운 방법이다. 그리고 이것이 영어공부를 좌절하게 되는 큰 원인이 되고 있다.

그래서 나는 TV 드라마를 보면서 듣는 Listening & Seeing 학습방법을 적극 추천하고 있다. 요즘은 대부분 영어 자막을 표시할 수 있다. 이 자막을 설정한 상태에서 드라마를 보며 듣기학습을 하자. 그렇게 하면 알아듣지 못하는 문장이 있어도 자막을 보면 시각적으로 그 문장을 체크할 수 있다.

내가 미국유학 중에 듣기실력을 향상시킬 수 있었던 방법의 하나가 이 Listening & Seeing을 철저하게 실천했기 때문이다.

③발음의 습득

자신이 발음하지 못하는 소리는 알아듣지 못하는 법이다. 이것은 사실이다.

미국에 건너갔을 때 TV 뉴스를 절반밖에 이해하지 못했던 나는 영작문 교수에게 '자네의 영어는 무슨 말인지 도무지 알아들을 수가 없군'이라고 지적을 받았다. 이 사건이 계기가 되어 발음수업을 듣게 되었다. 일본어 말투가 강하게 배어나와 영어로 말해도 상대가 무슨 말인지 전혀 알아듣지를 못했던 것이다.

이런 아픈 경험으로 발음수업을 듣게 되었고 얼마 후 놀라운 일이

벌어졌다. 그때까지 잘 알아들을 수 없었던 TV 프로와 뉴스를 막힘없이 알아들을 수 있게 되었다.

올바른 영어 발음이 가능해지면 영어 소리를 구분하는 일은 굉장히 쉬워진다. 이것은 듣기실력이 향상되어서가 아니라 올바른 발음을 하기 때문이다. 소리의 구분이 가능하면 문맥에서 실수할 일은 없다.

예컨대, 선거의 이야기를 하고 있을 때 'vote'라고 하면 그 뜻은 투표나 투표권밖에 없다. 선거 이야기에서 'vote'와 혼동하기 쉬운 'boat(배)' 이야기는 하지 않으니까 말이다.

그러므로 듣기가 안 되는 영어학습자는 **듣기학습을 할 게 아니라 발음 공부부터 해야 한다.**

④소리의 조정

듣기가 어려운 또 하나의 이유는 소리의 조정을 이해하지 못하기 때문이다.

소리의 조정이 무엇일까? 예를 들어 설명하겠다.

듣기 학습을 하는 사람들에게 'I met her last night'라는 문장을 원어민이 몇 번을 반복해서 들려주어도 알아듣지 못해 낙담하고 만다.

원어민은 단어 하나, 어구 하나를 일일이 또렷이 발음하지 않기 때문에 당연히 잘 들리지 않는다. 이때는 her의 h음과 last의 t음을 발음하지 않는다. 그러므로 실제로는 'I met er las night'로 들리기 때문에 익숙하지 않으면 원래 문장은 상상할 수도 없다. 이처럼 영어에는 소리의 조정이 많다.

대명사나 전치사의 강형약형, 동화, 결합, 탈락등 각각의 소리 조정에는 몇 개~ 30여개까지 많은 종류가 있다.

원어민은 100% 소리를 조정하여 말한다. 자연스러운 일이다.

그런데 영어학습자들이 소리의 조정에 대한 이해 없이 영어 듣기실력을 향상시키려고 하기 때문에 무리가 따르는 것이다.

아무리 듣기 공부를 오래 해도 소리의 조정을 이해하지 못하면 듣기 실력은 나아지지 않는다. 반대로 말하면 소리의 조정을 학습하면 듣기 실력이 월등히 향상될 수 있다.

독해(reading) 편

최근 10년 사이에 영문독해에 요구되는 기술이 크게 바뀌었는데 이 사실을 인식하고 있는 사람은 아직 많지 않다. 독해 기술이 바뀌면 그에 따라 공부의 영역도 변경해야 한다.

지금 시대에 맞는 영문독해 기술은 무엇일까?

결론부터 말하면, 평이한 영문을 빠르게 독해하는 기술, 즉 '**쉬운 문**

장을 빠르게'이다.

하지만, 이제껏 많은 영어학습자는 대학시험에 필요한 독해 기술밖에 익히지 못했다. 이 방법은 어려운 문장을 시간을 투자하여 독해하는 기술로, 결국 '어려운 문장을 천천히'가 된다.

일부 예외는 있지만, 대중이 읽는 문장은 대체로 쉽게 구성되어 있다. 그 이유는 간단하다.

어렵게 쓰면 독해할 수 있는 사람이 많지 않기 때문이다. 게다가 인터넷의 보급으로 접근할 수 있는 영문의 양이 비약적으로 증가했다.

이러한 환경에서 요구되는 독해 기술은 대량의 평이한 영문 중에서 자신에게 필요한 문장을 빠르게 발견하고 중요한 부분만을 정독하는 기술이다. 난해한 문장을 독해하는 대학수험 영어가 얼마나 초점에서 벗어나 있는지 알 수 있을 것이다.

속독 속해를 익히기 위해서는 실제로 영문을 읽어 실력을 신장시키는 방법밖에 없다.

나는 2시간 내내 영자신문을 읽는 것을 권장한다. 융통성이 없는 공부법이라 생각할 수 있지만, 그 효과는 아주 빠르게 나타난다. 초기에는 사전을 찾아가면서도 영자신문의 내용을 거의 파악하지 못했던 수강생이 3개월만 지나면 몰라볼 정도로 막힘없이 줄줄 읽어내려 간다.

소설이나 영자신문 어떤 것이라도 좋다. 자신이 흥미를 느끼는 분야 혹은 일 관련 분야의 영문을 매일 30분 정도 읽자. 이 공부를 꾸준히 하면 6개월에서 1년이 지나면 독해가 능숙해 진다.

한 가지 주의할 점은 일단 빨리 읽는 것이다. 반대로 말하면 그다지 중요하지 않은 부분은 자신 있게 건너뛸 수 있을 때까지 독해 기술을 향상시키자.

작문(writing)편

영작문 능력은 실제로 영문을 작성하고 교사에게 첨삭지도를 받아야 한다.

'현재, 영문으로 메일을 쓰고 있지만 큰 문제를 느끼지 못하므로 첨삭은 필요 없다'라는 사람도 있을 것이다. 그러나 문제는 자신의 영문이 상대에게 실례가 될 수 있다는 사실과 자신이 표현하고 싶은 내용이 절반밖에 상대에게 전달되지 않다는 사실을 인식하지 못한다는 것이다.

업무상 직장인을 중심으로 영작문을 첨삭하고 있다. 작문 학습(2~3번 영작문 작성→첨삭→첨삭된 부분 체크)을 반복하면 영작문 실력이 눈에 띄게 향상되는 것이 보인다. 4번째 제출할 즈음에 처음 제출한 자신의 영작문을 보면 거의 모든 수강생이 자신이 얼마나 작문 실력이 형편없었나를 깨닫게 된다.

영작문을 할 때의 요령은 보기 좋은 문장을 쓰기보다는 자신의 의도를 분명하게 상대에게 전달할 수 있는가에 비중을 두고 작성해야 한다.

학습법
33

단기에 실력을 키우고 싶다면
1년에 1,000시간 공부하라

거듭 말하지만 영어실력이 늘지 않는 원인은 학습량이 절대적으로 부족하기 때문이다. 그래서 내가 지도하는 수강생들에게는 공부의 절대량을 늘릴 수 있는 환경을 만든다. 학습량이 압도적으로 많은 만큼 성과도 다르다.

수강생이 목표하는 영어실력의 레벨에 따라 다소 차이가 있지만, 일반적으로 하루 2~3시간 정도 투자해야 할 만큼 많은 양의 숙제를 내준다.

이 정도의 진도라면 1주일에 한 번 2시간 수업, 교실 밖에서 15~20시간 영어공부를 하게 된다. 유학예정자에게는 좀 더 많은 평일 3시간, 휴일 10시간 정도의 학습을 지도하고 있기 때문에 한 주에 35시간은 공부하게 된다.

주 20시간을 기본으로 1년간(52주) 공부하면 연간 1040시간, 주 35시간이라면 연간 1820시간이 된다. 주 1회 40분씩 학원에서 공부하는 **일**

반적인 영어학습자의 30배에서 50배에 달하는 학습량이다.

연간 34시간밖에 공부하지 않는 사람도 조금은 실력이 나아질 것이다. 하지만 1000시간 공부하려면 30년이 걸리므로 영어를 할 수 있게 되더라도 20대였던 사람은 50대, 40대였던 사람은 70대가 되는 셈이다.

그러므로 1년~3년이라는 비교적 짧은 기간에 성과를 내고 싶다면 연간 1000시간, 적어도 750시간은 공부를 해야 실력이 향상된다. 다른 기술을 배울 때도 최소 1000시간은 투자해야 일정 수준의 성공을 거둘 수 있다.

영어를 지도하는 사람이 학습자를 도와줄 수 있는 방법은 굉장히 제한적이다. 주 1회 1~2시간의 지도로 무엇을 할 수 있을까? 교사가 할 수 있는 일은 공부 방향성을 제시해주거나 간단한 해설, 체크 정도밖에 없다. 결국은 어디까지나 자신이 열심히 공부할 수밖에 없다.

영어학습의 성과를 결정하는 요인은 교재와 서비스의 질이 20%, 학습량이 80%라고 생각해도 좋다.

'영어회화 학원에 다니면 학원에서 어떻게든 해주겠지'라는 생각은 큰 오산이다. 이 사실은 거리에 수많은 영어회화 학원 그 어디를 다녀도 실력이 전혀 늘지 않는 사람들이 증명하고 있다. 학원 밖에서 얼마나 많이 공부하느냐에 따라 성패가 좌우된다.

'연간 750시간~1000시간이나 공부를!?'이라고 생각할지도 모른다.

'영어를 하고야 말겠다'고 결정했다면 이 정도는 공부해야 비교적 단기간에 목표를 달성할 수 있다. '영어를 몰라도 된다'고 생각한다면 깨끗하게 단념하자.

그러나 대체로 영어학습자는 이 중간 정도에서 그친다. 결국 영어 공부를 하지 않는 것도 아니고, 그렇다고 열과 성의를 다해 공부 하는 것도 아니다. 이렇게는 죽도 밥도 안 된다. 실은 이 공부방법이 금전이나 시간, 노력적인 면에서 가장 손해를 보는 학습법이다.

영어를 잘하는 방법은 예컨대 차의 드라이브와 같다.

1. 행선지를 정한다(영어실력의 목표치를 결정한다)

2. 길을 선택한다(공부 방법이나 영역을 선택한다)

3. 액셀러레이터(가속페달)**를 밟는다**(매일 꾸준히 공부한다)

이 방법밖에 없다.

덧붙이자면 나는 수강 시작 전에 '진심으로 영어를 마스터하고 싶은 의지가 있나? 조금 벅찰 수도 있다. 1주일에 20시간 정도는 공부해야 한다'라고 조금 위협을 가해 수강 예정자를 심사한다. 이것을 통과하지 못한 사람은 수강생으로 받아들이지 않는다.

왜냐하면, 스스로 공부할 각오가 되어 있지 않으면 절대로 성과가 나지 않기 때문이다.

정리! **1일 30분 공부법**

- 영어(영어회화)가 좀처럼 늘지 않는 이유는 필요한 공부의 영역이 잘못되어 있기 때문이다. 원어민은 시험에 나오는 어려운 표현이나 간접적인 말투, 어려운 단어는 거의 사용하지 않는다.

- 영어회화 학원에 다녀도 실력이 좀처럼 향상되지 않는 이유는 학습량이 압도적으로 적기 때문이다.

- 듣기실력 향상에는 기본문장 암기, 듣기&보기, 올바른 발음의 습득, 소리의 조정에 대한 지식 등이 필요하다.

- 독해력 향상을 위해서는 영문을 매일 30분 정도, 빠르게 읽는 연습을 계속해야 한다.

- 영작문 실력의 향상을 위해서는 실제로 영문을 쓰고 지도자에게 첨삭지도를 받아야 한다.

- 영어를 일정 레벨로 끌어올리기 위해서는 연간 1000시간, 최소 750시간의 공부량이 필요하다.

제
6
장

꿈을 위한
목표 설정 방법

목표 설정은
큰 것부터 작은 것으로

나는 목표를 확고히 설정하고 꾸준히 공부했기 때문에 유학이라는 꿈을 이룰 수 있었다.

당시 목표를 노트에 적고 학습 일정표를 짰다. 예컨대 유학 예정일이 언제인지, TOEFL과 GMAT(영어와 수학 시험)의 목표점수와 취득 기한은 언제인지 그리고 이 목표를 이루기 위해 오늘 참고서의 몇 페이지까지 진행해야 하는지 등을 기록하며 공부를 했다.

먼저, 언제까지 유학을 실현시키겠다는 최종목표를 세웠다.

그 몇 개월 이상의 장기목표를 월과 주단위로 나누어 각각의 중기목표를 세우고 다시 각 중기목표를 달성하기 위한 1일 목표를 설정했다. 이런 순서로 설정하는 이유는, 이와 역으로 계획을 세우면 최종목표일이 지연되거나 실현이 불가능해질 수 있기 때문이다.

비즈니스 스쿨 시절에 기업의 신상품 가격책정 방법에 오류가 있어 성과에서 크게 차이가 났던 사례를 배웠는데 이것이 목표를 설정하는 방법의 차이와 굉장히 유사한 점이 있어 소개한다.

과거 유럽기업은 신제품 가격을 결정할 때 재료비, 제조비, 인건비, 광고비를 각각 책정하고 그 결과 신제품은 어느 수준 이상의 가격을 받아야 한다고 결정했었다. 결국 먼저 큰 목표를 세우지 않고 비용의 결과로 가격을 결정하였기 때문에 당연히 상품의 가격이 비싸졌다.

한편, 일본기업은 먼저 가격을 결정하는 방식을 따랐다. 예컨대, 어떤 기능의 칼라 프린트를 20만 원 이내 가격으로 제공하겠다고 먼저 결정한 다음 이에 적합한 재료비, 제조비, 인건비, 광고비를 책정하여 상품을 개발하고 가격을 결정했다.

어느 방법이 성공했을까? 일본기업 방식이었다. 이렇게 먼저 최종 목표를 세우고 나서 목표를 세분화하는 방법이 성공확률이 높다.

목표를 세우지 않고 막연하게 공부를 하면 무엇을 위해 공부하고 있는지 알 수가 없으며 힘이 들 때 공부를 포기하기 쉽다.

이를 막기 위해서라도 자신이 무엇을 위해 공부하고 있는지, 언제까지 공부성과를 내야 하는지를 머릿속으로만 생각하지 말고 분명하게 종이에 써서 시각적으로 체크하는 쪽이 더욱 효과적이다.

어차피 같은 시간, 노력, 돈을 투자하여 공부할 생각이라면 가능한 한 최대의 효과를 거두어야 한다. 만일, 도중에 좌절하거나 목표를 달성하지 못하면 그때까지의 투자가 수포로 돌아간다.

그러므로 자신이 본격적으로 공부를 시작하기 전에 목표를 세우고 종이에 적어 보이는 곳에 두면 성공확률이 올라가 최대의 효과를 얻을 수 있다는 사실을 명심하자.

항상 보이는 곳에
목표를 적어둔다

나는 1개월 이상의 목표를 장기목표로 본다. 2~3개월 단위로 설정해도 괜찮다.

일단 달력이든 직접 만든 일정표든 상관없이 조금 크게 만들어 항상 보이는 곳에 두자. 언제 어디서나 장기목표를 인식하고 공부할 수 있게 하는 것이다.

나는 간단한 일정표를 만들어 항상 볼 수 있게 책상 앞에 붙여 둔다. 그렇게 하면 공부에 대한 동기를 유지하는데 도움이 된다.

문득 공부에서 도망치고 싶어질 때면 장기목표를 보면서 '오늘 공부를 건너뛰면 장기목표 실현이 늦춰진다. 그러면 당연히 유학도 미뤄지게 된다'라고 마음을 다잡을 수 있었다. 큰 목표를 항상 의식하며 공부를 하는 방법과 그렇지 않은 방법은 장기적으로 볼 때 공부성과가 완전히 달라진다.

나도 유학을 준비하던 시절 분명하게 장기목표를 세우지 않고 공부를 했다면 도중에 좌절했을지도 모른다.

중기목표는
너무 타이트하지 않게

장기목표를 세운 다음에는 그것을 다시 1주일 ~ 1개월 정도의 중기목표로 세분화한다.

중기목표는 너무 세밀하게는 말고 대략적으로 세운다. 예컨대 수첩이나 달력에 다음과 같이 적는 식이다.

- 8월 15일까지 참고서 50페이지까지 풀기
- 8월 22일까지 참고서 100페이지까지 풀기

나도 유학준비를 할 때 이렇게 대략적인 중기목표를 세웠다. 현재 번역 일을 하면서도 그때와 마찬가지로 중기목표를 세우고 있다. 이때 중요한 점은 1주일에 1~2일 정도 휴일을 배치하는 것이다.

예컨대 하루에 참고서 10페이지를 공부한다면 7일간 70페이지 진도를 나가게 된다. 그러나 일상생활에서는 예기치 못한 일이 생길 수 있다. 갑작스러운 사건에 대비하기 위해 휴일을 배치하자. 예컨대, 수요일과 토요일은 휴일로 비워두고 1주일간 총 50페이지의 진도를 나가도록 계획을 세운다.

즉, 1~2일 정도는 공부하지 않아도 달성에 지장이 없도록 너무 빡빡하지 않게 목표를 설정하는 것이다.

많은 사람들이 빈틈없이 공부 일정을 짜놓고 그 일정대로 진행되지 않으면 자기혐오에 빠지고 만다. 그런데 자기혐오에 빠지면 결과적으로 공부 자체를 한동안 중단하게 된다.

다시 한 번 강조하지만, 날마다 조금씩이라도 좋으니까 몇 년의 긴 기간 동안 꾸준히 공부를 지속하는 자세가 중요하다. 때문에 사소한 일로 '나는 공부를 할 수 없는 인간이다!'라고 **실망하지 않도록 당신에게 맞는 일정을 계획하라.**

달성할 수 없는 목표는 존재하지 않는다. 목표를 무리하게 설정했을 뿐이다. 결국, 실현 불가능한 목표 설정이 문제이지 당신에게 능력이 없거나 의지가 약해서가 아니다. 예컨대, '1주일에 1권의 책을 읽는다'는 목표달성이 힘들면 '1개월에 책을 1권 읽는다'로 변경하면 된다.

공부에 많은 노력을 기울이고 있는 사람이라면 한 번쯤 슬럼프에 빠져 자기혐오를 느낀 경험이 있을 것이다. 나 또한 유학을 준비하면서 일정을 너무 빈틈없이 짜놓고 그 일정대로 공부가 진척되지 않자 나에 대해 강한 분노를 느끼고 한동안 마음이 불편하여 공부를 하지 않은 때도 있었다.

보도기자 시절에는 숙직근무를 하고 밤을 꼬박 새운 다음 날은 리듬이 깨져 공부해야 할 시간에 졸음이 쏟아졌고, 계획한 진도를 다 채우지 못했다. 그 결과 처음에 너무 빈틈없이 세운 중기목표 계획을 다 채우지 못했다.

얼마 후 공부 일정을 좀 여유있게 하는 작전으로 변경했다. 이번에는 1주일에 이틀정도 공부를 하지 않아도 시간에 쫓기지 않는 일정으로 짰다. 그리고 미리 정해 둔 휴일에도 사정이 괜찮은 날은 그대로 공부를 진행했기 때문에 큰일이 없는 한 중기목표보다 빠르게 공부를 진행시킬 수 있었다. 그러자 매우 만족스러운 기분으로 장기간 공부를 계속할 수 있다는 사실을 알게 되었다.

같은 공부를 해도 기분이 좋은 상태로 하면 자기혐오를 느끼며 하는 공부보다 심리적 부담이 현저히 줄어든다. 그러므로 자신의 공부 진척도에 대한 기대치를 낮추어 일정을 짜고, 실제로는 일정보다 조금 빠르게 진도를 나갈 수 있는 중기목표를 설정하는 것이 요령이다.

1일 목표 세우고 체크하기

1일 목표는 시간단위로 설정한다. 나는 반드시 포스트잇(Post-it)에 적고 그 목표달성을 위해 공부를 진행한다. 예컨대 다음과 같이 기록한다.

7시 00분 ~ 7시 30분　15페이지까지

7시 30분 ~ 8시 15분　18페이지까지

8시 30분 ~ 9시 00분　21페이지까지

이 목표를 달성하지 못해도 괜찮으며, 대략적인 지표로만 사용하면 된다. 그리고 달성할 수 없는 목표는 설정하지 않는다.

이 때 반드시 종이에 써두도록 하자.

종이에 적지 않으면 공부에 진전이 없는데도 책상에 앉아있는 것만으로 왠지 공부를 하고 있는 착각에 빠지게 된다.

만일 생각처럼 공부가 잘 안 된다고 해도 열등감을 갖지 말자. 중요한 사실은 자신이 목표를 달성할 수 있는 구조를 만드는 것이기 때문에 1일(반나절이라도 괜찮다) 목표를 종이에 적어 눈에 띄는 장소에 놓아둔다.

그리고 그날 공부가 끝난 다음에는 적어둔 1일 목표를 체크하여 공부의 진척상황을 체크한다. 예정대로 소화했으면 자신을 칭찬해 주고, 반대로 예정한 진도를 다 공부하지 못했을 때는 그 원인을 검토하고 다음 공부를 위한 참고자료로 삼는다.

'공부 진척이 느리다'라고 자기혐오에 빠질 필요는 없다. 다만 그날 공부를 시작하며 반드시 목표를 눈으로 확인할 수 있게 종이에 써두자.

나도 하루를 돌아보면 목표한 양을 달성했을 때와 그렇지 않을 때가 있다. 공부를 다 소화하지 못한 원인은 예외 없이 1일 목표를 종이에 써두지 않은 날이었다. 공부하기 전에 최소한 3분이라도 좋으니까 반드시 목표를 눈으로 할 수 있게 종이에 써 두어야 한다.

아울러 미리 계획한 시간 내에 그날의 공부를 마치도록 노력하자.

목표가 있으면
행동 하나에서도 차이가 난다

'목표설정'이라고 하면 '뭐야, 또 목표야!'라고 생각하는 사람이 많을 것이다.

그러나 이 설정 방법에 따라 사람의 행동이 크게 변한다. 행동이 바뀌면 당연히 성과도 크게 달라진다. 나의 예를 들어보자.

캐나다 유학 중에 캐나디언 로키(Canadian Rockey)를 자전거로 여행하며 사진을 공부하기로 마음먹었다. 사진공부라는 목표가 있었기 때문에 내 행동은 달랐다. 어떻게 달랐을까?

나는 로키의 대자연을 촬영하기 위해 매일같이 일출 전에 일어났다. 알고 있겠지만, 풍경사진을 찍을 기회는 대부분 일출이나 일몰을 전후한 1시간 정도이다. 전문 사진작가의 사진집을 보면 그 대부분이 일출이나 일몰 직후에 촬영한 사진임을 알 수 있다.

그날그날에 따라 기후가 많이 다르기 때문에 매일 아침 부지런히 일출 전에 카메라를 가지고 기다린다 해도 항상 좋은 풍경을 만나지는 못한다. 하지만 사진실습을 목표로 했었기 때문에 매일 추운 밖에 나가 카메라를 들고 일출을 기다렸다.

사실 캐나디언로키에서 어둠이 걷히기 전에 혼자 밖을 돌아다니기란 굉장히 무서운 일이다. 왜냐하면, 곰이 출몰하기 때문이다. 이곳에는 지상에서 가장 포악하다는 회색곰이 살고 있으며 매년 이 곰 때문에 희생자가 발생했다. 곰과 마주치지 않도록 노래를 부르면서 사진을 찍기도 했다. 이때의 훈련이 신문사의 취직과 보도 카메라맨 기자로써의 성과로 이어졌다면 믿을 수 있을까.

또 다른 예로, 미국유학 중에는 두 가지 큰 목표를 설정했다.

1. 석사학위를 취득한다

2. 영어실력을 기른다

대부분의 유학생은 학위를 취득해 무사히 졸업하기만을 목표로 한다. 그러나 나는 이와 더불어 '영어실력 향상'도 목표로 했었기 때문에 영어공부에도 많은 노력을 기울였다.

미국이나 영국에서 유학을 했다고 하면 '유학경험=능숙한 영어실력'으로 착각하기 쉬운데 2~3년 유학해도 영어를 원하는 대로 구사하지 못하는 사람이 꽤 많다. 대학과 대학원에서 전공과목에 많은 노력을 기울였다고 해서 영어공부에도 많은 투자를 한 것은 아니기 때문이다. 따라서 해외유학파라는 이유로 회사 동료로부터 '분명 영어를 잘할 거야'라는 오해를 받고 고민하는 사람도 많을 것이다.

같은 유학이라도 목표설정에 따라 행동도 달라진다.

나는 대학원 전공과 함께 영작문 수업 2코스, 비즈니스 영작문 수업 1코스, 스피치 수업 1코스, 발음 수업 2코스를 이수했다. 학교 수업을 마치면 매일 신문을 읽거나 TV 드라마를 보며 영어를 공부했다.

목표가 없었다면 결코 실행하지 못했을 만한 일정이었다. 같은 2~3년을 유학한 사람과 비교했을 때 내가 영어실력이 앞서고 영어를 지도할 수 있는 자격이 된 것도 이때의 목표와 그것을 달성하기 위해 했던 노력의 결과인 것이다.

목표를 이루는
명확한 날짜를 정한다!

 사람들은 저마다 다른 목표와 꿈을 지니고 공부를 하며 자신의 기술을 갈고 닦는다.

 그런데 자격시험을 칠 때, '이제 시험에 응시해도 되겠다'라는 생각으로 시험을 치면 생각보다 목표한 점수를 받는 데 오랜 시간이 걸린다. 반대로 미리 '2020년 5월'이라는 시험날짜를 정해 놓고 그날을 위해 꾸준히 공부하는 자세가 필요하다. 즉, 먼저 명확한 목표 날짜를 정하란 뜻이다!

 '~한다면, ~하면'의 발상이 아니라 먼저 목표를 정하고 '목표를 달성하려면 무엇을 해야 할까?'를 생각하자.

 일반적으로 '~한다면, ~하면' 생각 때문에 5년이 가고 10년이 가도 자신의 꿈과 목표를 실현하지 못하는 사람이 많다. 시간이 걸려도 꿈과 목표를 이룰 수 있다면 좋겠지만, 대부분은 그렇지 못한 채 일생을 마친다.

　다시 한 번 강조한다.

　시일을 포함해 명확하게 **당신이 실현하고 싶은 목표를 먼저 결정하
자.** 사람들이 목표달성에 실패하는 이유는 결단력이 부족하기 때문이
다. 당신도 결심을 뒤로 미루고 있지 않나? 훗날 기대에 어긋난 결과를
맞게 되는 원인은 결단을 내리지 못한 요인이 크다.

　자신의 과거를 떠올려 보자. 희망하는 일을 하지 못했거나 원하는
대상이나 사람(연인, 배우자)을 얻지 못한 이유는 주저했던 자신에게 원
인이 있지 않았을까?

　바꿔 말하면 결단력이 있다면 목표나 희망의 절반은 이미 이룬 것이
나 다름없다.

만약이라는
허술한 생각은 버린다

　목표를 실현하기 위해서 한번 지금까지와는 반대로 생각하자. '~한다면. ~하면'이라는 생각이 아니라 '언제까지 ~을 이루겠다'라고 생각하는 것이다.

　예컨대, 'TOEFL에서 ○○점을 받으면 유학을 가야지'라고 생각하는 것이 아니라 반대로 '○년 ○월 ○일까지 무엇을 하겠다. 그 목표를 이루기 위해서는 ~하자'라고 생각한다. '20019년 8월까지 유학을 가자. 그러기 위해서는 2019년 3월까지 TOEFL ○○점을 올리자'라고 생각하는 것이다.

　다른 각도에서 설명해보자. 자신이 실현하고 싶은 목표나 꿈을 먼저 결정한다. 즉, 고정(fix)하는 것이다. 그리고 자신이 그 목표를 달성하기 위해 쏟는 에너지나 시간을 변동시킨다(보통 양을 늘린다). 이것이 변수(variable)이다.

　요점은 목표달성을 위해 에너지와 시간을 늘리고 집중시킨다. 다음

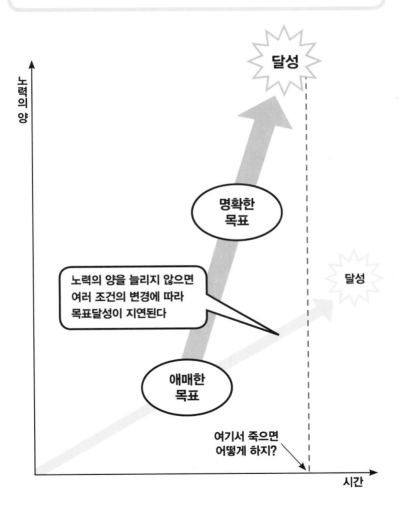

페이지 그림을 보자.

목표를 달성하지 못하는 사람들의 공통점은 이와는 완전히 반대로 하고 있다는 것이다. 목표설정을 위해 쏟는 에너지나 시간이 지금까지와 거의 다름없이 고정적이기 때문에 목표달성 쪽이 변수가 된다. 따라서 줄곧 '앞으로 2년 동안 영어를 공부하면 유학을 갈 수 있지 않을까?'라고 생각하고 있는 것이다.

만일 상황이 바뀌면 어떻게 될까?

'요즘, 일이 바빠 영어 공부를 계획대로 하지 못했기 때문에 유학은 3년 뒤에나 가능할 것 같다'라며 목표일을 뒤로 미루게 된다. 그리고 그대로 시간만 흘러가고 나이만 먹게 된다. 그리고 나이가 들면 '젊었을 때 ○○하고 싶었는데……'라고 변명을 하지만, 자신의 꿈과 희망을 달성하지 못한 채 한 번밖에 없는 인생은 끝나버린다.

당신의 인생이 이렇게 끝나도 정말 괜찮은가?

70대에도 꿈을 실현할 수는 있다. 그러나 70대 보다 60대, 60대 보다는 50대, 50대 보다 40대, 그리고 40대 보다 30대에 시작하는 편이 체력적으로도 실현할 확률이 높은 사실은 말하지 않아도 모두 알 것이다.

인간은 예외 없이 나이를 먹고 언젠가는 죽는다는 현실을 직시해 보면 어떨까? 이 사실을 좀 더 현실적으로 의식하고 하루하루를 보내면 자신이 인생에서 하고 싶은 일, 실현하고 싶은 꿈을 지연시키는 일은 없을 것이다. 그리고 '~한다면, ~하면'이라고 허술하게 생각하는 일도 없을 것이다.

나는 이 사고방식을 가지고 꾸준히 자신에게 투자하여 꿈이었던 장기 해외여행을 실현하고 감성이 풍부한 20대에 세상을 보는 시각을 넓혔다. 보도 카메라맨 기자가 되어 일간지 Top 기사에 사진을 실었고, 6년 이상 간직했던 미국유학의 꿈을 실현했으며 30세를 넘기면서 영어를 말할 수 있게 되었다. 또한, 20세 때부터 간직했던 내 회사 설립의 꿈을 35세에 실현했으며, 영어학원을 설립해 영어를 지도하게 되었고 2권의 책을 펴내기도 했다.

아직은 실현하고 싶은 일이 많기 때문에 앞으로도 이 사고방식으로 성공과 실패를 반복하면서 착실하게 하나씩 계속 실현해 나가려고 한다.

꿈을 이루는 비용

1973년에 노벨물리학상을 수상한 에사키 레오나(江崎 玲於奈) 씨를 취재한 적이 있다. 그의 경력은 한마디로 놀라운 것이었다. 하지만, 인상에 남는 말은 그가 건넨 한마디였다.

'노벨상을 비롯해 빛나는 공적이 참으로 많으시네요. 추측건대 지금까지 살아오면서 인생에 큰 어려움은 없으셨겠네요'라는 나의 우문에 대해 '아니, 그렇지 않네'라고 짧게 답한 그의 얼굴에 고통의 흔적을 내비쳤다.

'빛나는 공적을 위한 한 개인의 희생이 없었다면 그 모든 성공은 불가능했을 것이다'라는 사실을 그의 얼굴에서 읽을 수 있었다.

유학을 위해서는 가능한 모든 시간을 공부에 투자하고 유학비용을 모아야 했기 때문에 동료와 함께 보내는 시간을 최소한으로 줄였고 그래서인지 인간관계가 넓지 못했다. 그리고 가능한 한 바로 귀가하여 집에서 매일 공부했었던 기억이 난다.

현명한 사람이라면 공부에 집중하면서도 주위사람과 좀 더 나은 관계를 형성했을지도 모른다. 그러나 당시의 나에게는 다른 생각의 여지가 없었고 어떻게든 오랜 꿈을 실현한다는 목표에만 집중하여 꿈과 관계없는 활동은 모두 삼갔다.

여기서 말하고 싶은 내용은 **공부를 계속하기 위해서는 어느 정도의 대가를 지불할 필요가 있다는 것이다.**

지금보다 동료와 술자리를 할 기회가 줄어들고 친구와의 관계도 다소 소원해지며 휴일에 집에서 빈둥거릴 시간도 줄어들 것이다.

어느 정도는 각오를 하고 공부를 시작하자. 즉, 비교적 짧은 기간에 무언가를 실현하기 위해서는 한 곳에 시간과 노력을 집중할 수밖에 없다. 냉정하게 들리겠지만, 그것이 싫다면 목표달성은 포기하는 편이 낫다.

수첩에 목표를 적어
매일 읽는다

미국에서 귀국한 후에는 목표를 적은 수첩을 지참하고 다녔다. 수첩에 적은 목표를 매일 읽고 검토하자 목표에 다가가는 속도가 빨라졌다. 얼마나 그 속도가 빨라졌는지 사례를 소개한다.

귀국 후, 불과 반년 만에 첫 번역일을 시작했다. 여기서 얻은 수입으로 원래 7년에 걸쳐 상환할 예정이었던 6천만 원 정도의 유학비용을 2년 만에 완전히 갚을 수 있었다. 귀국한 지 1년 반이 안 되어 3천만 원으로 나의 회사를 일으켰으며 이 책을 포함해 서적 2권을 출판했고 또 한 권 분량의 원고가 거의 완성 단계에 있다.

자기계발 분야의 권위자인 《놓치고 싶지 않은 나의 꿈 나의 인생(Think and Grow Rich)》의 저자 나폴레옹 힐(Napoleon Hill)은 목표를 적은 종이를 가지고 다니며 매일 반복해서 읽으면 꿈이 실현된다고 하여 사람들에게 많은 영향을 주었다. 이 말을 들은 사람들 대부분은 '이미 알고 있는 사실이다'라고 생각하지만, 실천하는 사람은 의외로 적다.

어째서 목표를 적고 매일 되풀이해 읽으면 목표를 실현하는 속도가 빨라지는 것일까? 내 나름대로 해석한 내용을 소개하겠다.

사람의 행동은 대체로 무의식(잠재의식)이 조종한다. 이 말은 당신이 의식하지 못하는 습관이나 버릇이 당신도 모르게 행동에 영향을 미친다는 뜻이다. 결국 하루하루의 행동을 당신의 무의식이 멋대로 조절하고 있는 것이다.

이 습관은 가족이나 부모, 주위 사람이 오랜 기간 반복적으로 보내온 메시지에 의해 나도 모르는 사이에 무의식에 프로그램되어 있는 것이다.

바로 여기에 문제가 있다. 지금까지 몸에 밴 습관(무의식에 주입된 프로그램)을 그대로 유지하면 지금보다 나은 환경(인간관계, 일, 금전적인 일 등)을 절대 성취할 수 없기 때문이다.

자신이 원하는 환경이나 인생을 얻기 위해서는 이 프로그램을 다시 구축할 필요가 있다. 현재 자신의 프로그램은 주위에서 반복적으로 보내온 메시지에 의해 형성된 것이므로 이번에는 자신의 메시지를 반복해서 무의식에 보내 그것으로 **프로그램을 다시 짜 넣으면 된다.**

이때 목표를 매일 반복해서 읽는 방법이 아주 효과적이다.

결국, 목표 읽기를 매일 반복하는 작업은 무의식(잠재의식)에 새로운 프로그램을 구축하는 작업인 것이다. 무의식이 변하면 무의식이 조정하는 당신의 행동이 변하고, 행동이 변하면 당연히 결과가 바뀐다.

매일 지참하고 다니며 자주 목표를 읽기에 편리한 도구가 바로 수첩이다. 수첩에 목표를 적어 매일 읽으면서 연봉이 2배로 인상된 사람, 영업 실적이 월등하게 향상된 사람, 지금까지 지니고 있던 사고방식이 180도 변한 사람 등 많은 사람들이 꿈과 목표를 달성하고 있다.

성공에 다가가는
'목표 수첩' 작성법

수첩을 이용한 목표 설정 방법에는 여러 가지가 있다.

장기목표는 15년으로

나는 수첩에 15년 계획표를 세우고 이를 장기목표로 삼고 있다. 장기목표를 세우더라도 15년 앞을 고려해 목표를 세우는 사람은 많지 않을 것이다. 183페이지와 같이 리필을 이용해 15년 계획표를 만들고 자신과 가족의 나이를 적은 후, 그 옆에 대략적인 목표를 적어 넣는다. 그리고 실현한 것은 빨간색으로 표시를 한다.

물론 목표가 확실하면 매년 목표를 달성할 확률이 꽤 높다.

장기목표 기간을 15년으로 하는 이유는 1년을 기준으로 했을 때 **근시안적 목표가 되는 것을 피하기 위해서이다.**

막상 매년 목표를 착실하게 실현했지만 10년 후 그간의 세월을 되돌아보면 자신이 원했던 인생과 다를 수 있다. 한해 한해의 목표에 충실했지만 그를 더한 10년의 세월이 꼭 만족스러우리란 법은 없다. 그러므로 좀 더 긴 안목으로 인생을 계획하고 목표를 세우기 위해서는 15년 정도는 고려해야 한다.

실현 리스트

1년 동안의 실현 목표도 마찬가지로 ○월 ○일까지 실현하겠다는 확실한 날짜를 기입한다.

이 목표도 달성하고 나면 빨간색으로 표시를 한다.

표를 작성할 때는 먼저 실현하는 연도를 기입하고 첫 번째 줄에 1~12월까지 가로로 적은 다음 아래로는 세로로 1~31일을 적는다.

내가 사용하고 있는 리필 용지는 세로 줄이 33칸이다. 당신이 실현하고 싶은 목표를 선택하여 이곳에 적는다. 예컨대 2019년 1월 31일까지 실현하고 싶다면 1월의 31일에 해당하는 칸에 적는다. 칸의 크기가 작을 때는 칸을 벗어나게 기록해도 괜찮다. 표 모양보다는 자신이 알아볼 수 있게 적어야 한다.

목표 설정에는 수첩을 활용하자!

● **15년 계획표**

목표	나	아내			목표
2019년	35세	30세			• 수영을 마스터한다.
					• 스페인어 자격증을 딴다.
					• 아프리카 여행을 떠난다.
					• 1000만 엔을 저축 한다.
2020년	36세	31세			• 아파트를 구입한다.
					• 차를 교체한다.
					• 이직을 한다.
2021년	37세	32세			• 새로운 비즈니스를 시작한다.

● **실현 리스트**

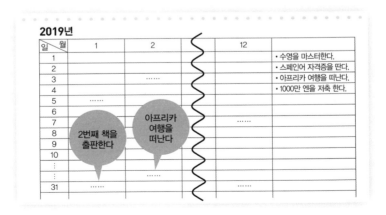

정리! **1일 30분 공부법**

- 꿈을 실현하기 위해서는 먼저 목표를 종이에 적고 시각적으로 체크한다.

- '최종 목표기일을 설정 → 장기목표 설정 → 1일 목표 설정' 이 방식대로 목표를 점차 세분화하면 달성 시기가 빨라진다.

- 많은 사람이 목표달성에 실패하는 최대 원인은 결단력이 부족하기 때문이다. 우선, 기일을 포함해 '실현하고 싶은 꿈과 목표'를 명확하게 결정하자.

- 수첩에 목표를 기록하여 가지고 다니면 목표의 실현 속도가 빨라진다.

- 목표를 매일 반복해서 읽으면 무의식에 변화가 생기고, 무의식이 변하면 행동이 바뀐다. 그리고 행동이 바뀌면 결과가 달라진다.

남편은 후루이치(古市) 씨의 '수첩'을 사용하면서 정말로 많은 변화가 있었다. 예전에는 심한 건망증으로 유명할 정도여서(웃음), '이것 해야 해요'라고 말해도 몇 개월이 지나도 그대로 방치해 두는 일이 빈번했다. 덕분에 나의 인내력도 많이 단련되었다. 남편은 '작은 일을 하지 못하면 큰일을 해낼 수 없다'는 생각에 '작은 일에 충실하자'는 목표를 세웠지만 건망증은 좀처럼 호전되지 않았고 나도 절반은 포기하고 있었다.

그러던 어느 날, 남편은 목표 수첩에 대해 알고 꽤 흥분한 상태에서 '저기 말이야, 이거 사도 괜찮을까?'라고 나에게 물어왔다. 솔직히 나는 '수첩 하나로 건망증이 낫는다면 건망증으로 고생할 사람이 하나도 없겠어요'라며 반대했다. 하지만 고맙게도 남편이 수첩을 받고 사용하기 시작하자 곧바로 효과가 나타났다.

예전에는 내가 '이것 했나요? 저것은요?'라며 일일이 따라다니며 상기시켜 주었는데 지금은 내가 가만히 있어도 알아서 원하는 일을 하기도 하고 자상하게 여러 일을 미리 해 줄 정도가 되었다. 예전의 남편이라면 생각할 수도 없는 일이다(웃음)!

원래 가정을 매우 소중히 여기는 남편이지만, 이 수첩을 만난 이후, 구체적인 목적과 목표를 세우고 그에 따라 실행을 하는 꽤 믿음직한 남편이 되었다. 이 수첩과 만나게 해주신 후루이치 씨께 감사의 말씀을 전하고 싶다.

도쿄(東京)의 W씨

솔직히 이 책을 읽고 난 후의 감상을 말하자면, (지금도 그렇지만) 서늘하게 무언가가 가슴 속을 스치고 지나갔다. 왜냐하면 '학습법'의 내용이 너무나 구체적인데다가 이른바 '성공한 사람들'과 무엇 때문에 차이가 생기는지 그 뼈저린 현실을 직시하게 되었기 때문이다.

이미 30살을 넘긴 내가 지금까지 잃어버리고 산 시간을 얼마나 버전 업을 할 수 있을지 절망감이 밀려왔었지만, '이대로 괜찮을까?'라는 원인 모를 불안감을 현실을 있는 그대로 받아들여서일까. 사물을 보는 시각과 사고방식이 조금씩 변하고 있다.

(나는 지금까지 잠재의식을 그다지 혹은 전혀 생각해본 적이 없지만) 목표를 세워 성공을 한다거나 뇌의 97%를 사용한다는 말은 잠재의식을 잘 이용한다는 의미일 것이다. 지금까지는 아주 사소한 일이라도 도전하여 좋은 결과를 얻지 못하면 의욕을 상실하거나 소극적으로 되곤 했다. 돌아보면 아래와 같은 일들은 성취한 뒤의 모습을 상상하며 즐겁게 공부했던 기억이 난다.

◆ 학생시절에 취득한 바이크(오토바이) 대형면허

◆ 최근 취득한 시스코(Cisco) CCNA(네트워크설치 및 운영능력을 공인하는 자격증

◆ 기타 국가자격

《1일 30분》과의 만남에 감사함을 느낀다. 필시 이 내용을 알고 사는 인생과 그렇지 않은 인생은 굉장한 차이가 있을 것이다. 앞으로는 목표를 의식하며 후회 없는 인생을 살고 싶다.

에히메(愛媛)의 K씨

최고의
컨디션을 위한
식사법&수면법

위 부담을 줄이는
최강 식사법

당신은 아마도 의외라고 생각할 수 있겠지만 공부를 방해하는 하나의 요소로 식사를 꼽을 수 있다. 왜냐하면, 인간의 몸은 식사 후에는 음식물을 소화하기 위해 위로 혈액을 집중시키기 때문에 뇌로 가는 혈액양이 감소하여 식후 1시간 정도는 다른 일에 집중할 수가 없는 것이다.

당신도 매일 경험하는 일이므로 특별한 설명은 피하고 대신 식후 몰려오는 졸음과 능률 저하를 방지하는 대책을 몇 가지 소개한다.

첫째, 과식하지 않는다. 같은 양의 식사를 하더라도 1일 3번 할 식사를 4번으로 나누어 섭취하면 한 번에 많은 음식물이 위에 머물지 않게 된다. 예컨대 아침, 12시, 3시, 6시 등, 식사 간격을 3시간 이상으로 한다. 또한 음식은 꼭꼭 씹어서 먹는다.

둘째, 식사를 마친 후에 입욕 등의 다른 활동을 하고 식후에는 곧바로 공부를 하지 않도록 한다. 즉, '입욕→식사→공부'의 상황은 가능한 피하고 '식사 → 입욕 → 공부'의 순서대로 일정을 조정한다.

셋째, 야채와 밥을 중심으로 식사한다. 즉 위에 부담이 가지 않는 식사를 해야 한다. 문명이 발달하면서 인간은 그동안 먹지 않았던 다양한 음식을 동시에 위에 쏟아 붓고 있다. 이 잘못된 음식의 조합으로 인해 인간은 막대한 신체 에너지를 소화 작업에 집중해야 하기 때문에 피로감을 느끼게 되었다'는 것이다.

또한 음식을 다음과 같이 크게 4가지 식품으로 분류해 각각의 특징을 파악해 보자.

1. 과일
2. 야채
3. 밥, 빵 등의 탄수화물
4. 고기, 생선, 콩 등의 단백질

- 과일은 인간의 신체에서 소화 과정이 필요 없는 음식이다. 그래서 20분 정도 경과하면 소장에 도착한다.
- 야채는 위의 소화액이 필요 없다. 따라서 소화기관 내부가 중성

이나 산성, 혹은 알칼리성이라도 분해가 가능하다. 소화까지는
약 3시간 소요된다.

- 밥 등의 탄수화물을 소화할 때는 알칼리성 위액으로 소화한다.
- 고기 등의 단백질을 소화할 때는 산성 위액으로 소화한다.

여기서 문제는 '밥과 고기를 함께 먹으면 위에서는 밥을 소화하기
위한 알칼리성 위액과 고기를 소화하기 위한 산성 위액이 함께 분비되
어 결과적으로 중성이 되어버린다(위의 구조는 그렇게 단순하지 않지만 이해
를 돕기 위해 간단히 설명한다) → 위 속에서 음식이 잘 소화되지 않기 때문
에 오래 걸릴 때는 8시간 이상의 소화 작업이 필요하다 → 몸의 에너지
를 소모하게 된다'는 것이다.

나는 카메라맨 기자 시절에 여자 마라톤 선수를 취재한 적이 있는
데, 선수들이 기록 향상을 위해 하는 큰 고민거리는 다름 아닌 식사에
관한 것이었다.

'연습을 하면 체력을 소모한다. 그러나 체력을 기르기 위해 넉넉히
먹으면 위에 부담을 주어 오히려 체력을 더 소모하게 된다. 하지만 무
엇이든 먹지 않으면 체력을 유지할 수 없어서……'

이 발언이 소화 작업에는 많은 에너지가 필요하다는 사실을 뒷받침
하고 있다.

또한, 몸에는 24시간 주기의 리듬이 있는데 다음과 같은 3가지 사이클로 나뉜다.

1. 정오~오후 8시 ― 섭취(식사와 소화)

2. 오후 8시 ~ 오전 4시 ― 동화(흡수와 이용)

3. 오전 4시 ~ 정오 ― 배설(몸의 노폐물과 음식가스 배출)

※ 주의 : 디저트도 포함해 음식의 조합을 준수하자. 식후에 과일을 먹거나 요구르트와 같은 유제품을 먹으면 음식의 조화가 깨진다.

아침~정오는 위에 부담을 주지 않는 과일만 먹고, 정오~오후 8시는 음식의 조화를 고려하여 야채와 밥 등의 탄수화물, 야채와 육류의 단백질을 먹으라는 조언을 한다(고기나 생선 단백질은 위에 부담이 크기 때문에 탄수화물과 야채 식단을 추천한다).

'학습법을 설명하다가 웬 식사법을?'이라고 생각할 수 있다. 그러나 식사와 공부는 긴밀하게 연결되어 있다.

인간은 하루 24시간의 활동 중에서 보통은 3번의 식사를 한다. 매번 식사 후에 1시간 정도 집중력이 떨어진다면 하루에 3시간이나 생산적인 시간을 허비하게 된다.

일반적으로 7시간 정도 자기 때문에 나머지 17시간 중 3시간, 즉 엄

밀하게 하루의 약 17.6%가 비생산적인 활동이라는 결과가 나오지만 이 상태를 잘 컨트롤하면 생산적인 활동시간이 증가한다.

만일 이 식사법으로 매일 3시간 중에 2시간을 유효하게 사용할 수 있다면 연간 730시간의 시간을 효율적으로 사용할 수 있다. 이 시간을 24(시간)로 나누면 30일에 해당하고 실질적인 활동시간인 17(시간)로 나누면 43일이 된다.

TV를 보지 않고 시간을 절약하는 방법과 병행하면 1년에 약 3개월 반 정도의 공부시간을 확보할 수 있다.

나는 이 식사법을 시작한 바로 첫날, 몸의 변화를 느꼈다. 위에 전혀 부담을 느끼지 않았던 것이다. 그 결과 식후 10분 정도 지나 곧바로 공부나 일을 시작할 수 있었다. 다른 사람이 식후 하품을 하고 있는 동안에 당신은 일이나 공부를 할 수 있으므로 당연히 차이가 생긴다.

이 식습관에 왠지 거부감이 든다면 과일만으로 아침 식사를 해보자. 위에 부담을 주지 않아 신체의 변화를 실감할 수 있을 것이다. 아침에 과일만 섭취하면 2~3시간 후에 배가 고파오기 때문에 '과일은 포만감을 주지 못한다'라고 생각할 수 있다. 그러나 배가 든든한 식품은 위 안에서 음식물이 소화되지 않고 오랜 시간 머물러 있다는 증거이므로 바람직한 상태라고 할 수 없다.

좋은 수면은 기억력을 높인다

하루에 최소한 6시간은 잠을 자야 한다. 이상적인 수면은 7시간 30분으로, 이유는 다음과 같다.

1. 머리가 맑지 않으면 효율이 저하된다

2. 학습한 내용이 수면을 통해 기억으로 정착된다

한 아역배우는 '그 많은 대사를 외우는 비결이 뭔가요?'라는 질문에 '대본을 여러 번 읽은 후에 잠자리에 들어요'라고 답했다. 수면과 기억의 관계를 잘 말해주는 예이다.

만일 침대에 들어서도 잠이 오지 않을 때는 일어나 공부를 하자.

잠이 오지 않는데도 계속 침대에 누워 시간을 낭비할 필요가 없다. 보통은 30분 정도 책을 읽거나 공부를 하면 자연히 잠이 온다. '자야 해,

자야 해'라고 애를 쓰면 더 잠이 안 오므로 과감히 일어나는 편이 좋다.

한편, 집에서 공부할 때는 공부 틈틈이 잠깐씩 눈을 붙이자. 이때 선잠 정도는 괜찮지만 본격적으로 자라는 말은 아니다. 침대에서 10분 정도 눈을 감고 누워있는 것으로 충분하다.

뇌에는 입력된 정보를 정리할 시간이 필요하므로 뇌에 그 시간을 주기 위해 잠시 눈을 붙이는 것이다. 1시간 이상 수면을 취하면 몸의 바이오리듬이 깨지므로 아무리 길어도 1시간을 넘어서는 안 된다.

알람 없이 잠에서 깨는 법

혹시 당신이 1인가구라면 이 방법을 1주 정도 시험해 보자. 그 효과가 바로 나타날 것이다(아이가 있는 집에서는 할 수 없기 때문이다).

바로 커튼을 치지 않는 것이다. 내키지 않는 사람은 레이스 커튼만 치고 자거나 눈에 수건을 얹고 자자. 과연 어떤 일이 생길까?

생각해 보자. 아침이 되면 태양의 직접광이나 간접광이 자고 있는 당신의 얼굴을 비출 것이다. 그러면 눈꺼풀을 통해 안구가 빛을 감지하고 아침이 되었다는 사실을 몸이 깨닫게 된다. 결국, 당신은 몸을 일으키게 된다. 자연의 순리에 따라 생활하면 인간은 자연의 사이클을 거스르지 않고 규칙적인 바이오리듬으로 생활할 수가 있다.

사생활을 보호하기 위해 암막커튼을 치기 시작하면서 아침이 되어도 햇살이 전혀 들어오지 않는 어두운 침실 생활을 하는 사람들이 늘고 있다. 그로 인해 인간의 몸은 깜깜한 어둠 속에서 '아직 밤이다'라고 착각을 일으키는 것이다.

게다가 몸은 아직 밤이라고 인식하고 있는데 갑자기 '삐비비 삐비비!!!'하고 자명종 시계가 큰 소리로 울리면 신체가 자극을 받아 컨디션에 나쁜 영향을 미치게 된다.

설사 자명종 시계 때문에 잠이 깨더라도 커튼을 치지 않은 상태라면 몸이 깨어나고 있는 도중이기 때문에 갑작스런 시계소리에 잠이 깬 사람보다 기분 좋게 하루를 시작할 수 있다. 여기서 하나 잊지 말아야 할 사실은 밤에 늦게 잠자리에 들면 아무리 커튼을 치지 않고 자더라도 아침에 일어나기가 쉽지 않다는 점이다.

미국의 한 전력 회사는 야근하는 사람들의 수면 문제를 해소하기 위해 야근시간대의 사무실 조명 밝기를 평소의 3배로 높였다고 한다. 이는 빛과 수면의 구조를 반대로 이용해 신체가 낮이라고 착각하게 함으로서 야근하는 이들의 졸음 문제를 해소한 것이다.

여담이지만, 의사는 정해진 시간에 자고 일어나는 규칙적인 생활이 중요하다고 말한다. 그러나 인간은 로봇이 아니기 때문에 규칙적인 생활이 어려운 상황도 있다. 당연히 피곤한 날도 있고 반대로 컨디션이 좋은 날도 있다. 따라서 몸 상태에 따라서는 밤에 공부할 수도 있고 다음날 아침 일찍 일어나 공부를 할 수도 있는 것이다. '규칙적인 생활'이란 말에 지나치게 집착하지 말고 융통성 있게 대응하자.

아침 샤워는
두뇌를 풀(full)로 가동시킨다!

모처럼 일찍 일어나 공부하려고 해도 잠이 덜 깨어 머리가 멍한 상태에서는 공부에 집중할 수가 없다. 따라서 잠에서 깬 후, 비교적 단시간에 머리를 풀로 회전시키는 방법을 소개한다.

바로 샤워를 하는 것이다!

아침 일찍 일어났을 때는 체온이 평소보다 낮기 때문에 혈류가 저하되어 있고 그 결과 뇌에 많은 양의 피가 공급되지 않아 머리가 맑지 않다. 이때 따뜻한 샤워를 하면 체온이 상승하므로 샤워 후 곧바로 공부를 시작할 수 있다.

정리! 1일 30분 공부법

- 식사는 공부효율을 떨어뜨리는 적이다. 따라서 이를 예방하기 위해서는 한 번에 조금씩 자주 꼭꼭 씹어서 먹거나 식사를 마친 후에는 곧바로 공부를 하지 않으며 야채와 밥을 중심으로 식사를 하자.

- 아침~정오는 과일만 먹고, 정오~오후 8시는 '야채+밥' '야채+단백질'을 섭취하는 식습관을 기르자. 식후 10분 후에는 공부나 일을 시작할 수 있다.

- 공부효율을 향상시키거나 배운 내용을 기억으로 정착시키기 위해서는 수면이 중요하다. 이상적인 수면은 7시간 반이며 적어도 6시간은 수면을 취해야 한다.

- 아침에 일어나 따뜻한 샤워를 하면 기상 후, 비교적 단시간에 뇌를 풀로 가동시킬 수 있다.

이 책에서 알려주는 학습법으로 여러 방법을 활용하고 있다.

◆ 토요일에는 패밀리 레스토랑에서 새로 익힌 내용을 외우고, 평일에는 몇
  십분 정도지만, 확인을 한다.

◆ 난이도를 나누고 난이도가 높은 내용을 집중적으로 확인한다.

◆ 시험 직전에 대략적으로 검토한다.

이상의 방법을 기본으로 공부를 진척시키고 있다. 가장 흥미로운 부분은 식
사법인데, 직접 시도해 보고 새로운 경험을 하게 되었다. 예전에는 오후 시간
에 업무 효율이 좋지 않아 곤란했었는데 이 방법으로 점심식사와 저녁식사를
구분해서 먹자 놀랄 정도로 의식이 또렷해져 더욱 음식 조합에 신경 쓰게 되
었다.

아직 더 실천해야할 방법이나 검토해야 할 시간활용법 등이 많기 때문에 하
나하나 순차적으로 흡수해 나가려고 한다.

아이치(愛知)의 S씨

제
8
장

집중력을
높이는
공부 환경
만들기

타이머로 집중력을 유지한다

공부를 시작했을 무렵에는 집중력이 떨어져도 공부를 계속하기 쉽다. 내가 추천하는 방식은 15분이나 30분의 시간을 설정하고 시간이 되면 도중에라도 공부를 중단하고 휴식을 취하는 것이다.

간단하게 키친 타이머나 손쉽게 다운로드 받을 수 있는 어플을 활용하면 된다.

나는 원고를 쓸 때 이 방법을 이용해 타이머를 30분에 설정하고 타이머가 울리면 휴식을 취한다. 타이머가 울릴 때까지는 집중하여 공부나 집필활동을 계속하다가 타이머가 울리면 바로 휴식에 돌입한다. 이 방법을 실천하면 피로를 느끼기 전에 휴식하는 습관을 들일 수 있다.

그리고 휴식할 때에도 타이머를 설정하여 시간이 되면 공부로 돌아간다. 귀에 거슬리는 소리의 타이머는 불쾌감을 줄 수 있으므로 병아리 등의 귀여운 소리를 선택한다.

밖에서 공부할 때
도움을 주는 도구들

①소음차단용 귀마개

지금까지 귀마개를 사용한 경험이 없는 사람은 꼭 시도해 보자. 전철 소음이 몇 분의 1로 줄어 조용한 상태에서 공부에 집중할 수 있다. 소란스러운 카페에서도 귀마개의 효과는 뛰어나다.

소음은 자신도 모르게 공부를 방해하거나 심리적 스트레스의 원인이 되므로 가능한 소음을 차단하자.

②A4 클립보드(clipboard)

나는 무인양품(無印良品, MUJI)의 클립보드(clipboard, 종이집게가 달린 필기판)를 애용하고 있다.

참고서나 노트를 무릎 위에 놓고 메모를 하려면 울퉁불퉁하여 필기하기가 쉽지 않지만, 이 클립보드를 이용하면 당신의 무릎이 간이 이동책상으로 변신한다. 메모하고 싶을 때 메모할 환경이 갖추어지지 않으면 학습의 생산성이 떨어지므로 가방 안에 항상 넣어 다닌다.

사용감&그립감이 좋은
추천 필기도구

　나는 서재에 있을 때는 파일럿(PILOT)에서 나온 책상용 '닥터그립(Dr. Grip)'만 사용한다. 검정, 파랑, 빨강 색을 골고루 구비해 놓고 있다. 그립(손으로 쥐는 부위)이 두껍기 때문에 손이 큰 나도 쥐기가 용이하다.

　내가 이 펜을 좋아하는 또 다른 이유는 구입할 때 따라오는 1.0미리 두께의 잉크이다. 1.0미리 쪽이 부드럽고 쓰기에 훨씬 편리하여 미국 유학 시절에는 교체용 리필 잉크를 여러 개 구입했었다.

　휴대용 필기구로는 2가지 컬러의 볼펜과 샤프의 일체형 펜을 애용한다. 다기능 펜이라고도 하는데 검정과 빨강색 볼펜과 샤프를 혼합한 펜이다.

　내가 애용하고 있는 제품은 제브라(zebra)의 '에어피트(airpit) 2+S'이다. 대형 문구점에 가면 구입할 수 있다. 복합필기구이면서 그립 부분에 고무 처리를 하여 안락한 필기감을 추구한다는 점이 마음에 들었다. 검정색 잉크로 메모를 하고 붉은색 잉크로 책의 중요한 부분에 표시를 하며, 샤프로 수첩에 일정을 적어 넣기도 한다(수정이 필요하기 때문).

　　이 펜이 아니더라도 단색 볼펜과 샤프의 일체형 펜으로도 충분하다. 나의 애용품은 파일럿의 '1+1 닥터그립'이다. 이 펜도 사용감이 좋고 가볍다. 일반적으로 이 펜은 검정색 잉크와 샤프의 일체형이지만 나는 그 검정색 잉크를 파란색 잉크로 교체하여 사용하고 있다. 메모를 하거나 책의 중요한 부분에 표시를 할 때 이용한다.

　　검정색 잉크는 책에 표시를 해도 크게 두드러지지 않기 때문에 알아보기 힘들고 붉은색 잉크는 메모에 적합하지 않다. 하지만 파란색 잉크는 메모에 사용할 수도 있고 책의 중요한 부분을 표시하면 눈에 띄어 바로 발견할 수 있다.

제일 먼저 의자에 투자하라

장기간 공부할 예정이라면 제일 먼저 의자에 투자하라고 강력하게 추천하고 싶다. 책상 보다 의자에 더 많이 투자해야 한다.

몸에 맞지 않는 의자 탓에 요통이 생겨 병원에 다니거나 요통으로 인해 생산성이 떨어진다면 실패한 투자라 할 수 있다. 미국에서 유학 생활을 시작하며 제일 먼저 구입한 제품이 의자였다. 예산이 허락한다면 허먼밀러(Hermanmiller)사의 '에어론 체어(Aeron-Chair)'가 최고다. 에어론 체어는 몇 시간을 앉아 있어도 거의 피로를 느끼지 못한다.

나는 보도카메라맨 기자 시절에 무거운 기재를 운반해야 했기 때문에 가벼운 요통 증상이 있었다. 아마 이 의자가 아니었다면 3년간의 유학 중에 요통이 악화되었을지도 모른다. 미국에서 유학을 마치고 귀국할 때 그 의자는 친구에게 주었지만, 일본에 돌아와 다시 구입했을 정도로 마음에 꼭 드는 의자다.

여러 가지 장점이 있지만 가장 유용한 기능은 시트가 움직이는 기능이다. 시트 전체를 앞으로 기울임으로써 등을 구부리지 않고 장시간 공부를 할 수 있게 했다.

당신이 공부하고 있을 때는 상반신을 앞으로 구부리게 된다. 엉덩이가 닿는 시트 면이 수평으로 설계된 의자는 몸을 앞으로 구부리고 있기 때문에 피로를 느끼는 원인이 된다.

한편 에어론 체어는 시트 자체가 앞쪽으로 기울어 있기 때문에 등을 곧게 편 상태로 전경자세를 유지할 수 있으며, 조금 앞으로 기운 상태에서 책상에 다가가면 거의 이상적인 자세에서 공부를 할 수 있다. 또 시트와 등받이 부분이 그물(mesh)로 되어 있어 여름에도 덥지가 않다.

구입할 때 가능한 한 풀세트를 구입해야 하며(풀세트가 아니면 전경기능이 없음), 의자 사이즈를 지정해야 한다(대중소의 3종류가 있는데, 보통은 B사이즈의 미디엄 사이즈를 선택한다). 최근에는 '미라 체어(Mirra Chair)'가 판매되고 있는데 이것 역시 시트의 전경기능을 갖추고 있다.

공부하기 좋은 최적의 조명

오랜 동안의 공부 경험에서 볼 때, 공부할 때 스탠드의 조명은 빛이 너무 강하지 않은 고품질의 형광등을 사용해야 한다.

조명은 보통 형광등이나 백열등 중 하나를 사용한다. 내가 백열등을 좋아하지 않는 이유는 열을 지나치게 발산하기 때문이다. 공부에는 두한족열(頭寒足熱, 머리를 차게 하고 발을 따뜻하게 하면 건강에 좋다는 뜻) 상태를 유지하는 것이 중요한데 백열등을 머리 가까이에 놓고 사용하면 머리 주변의 온도가 올라가므로 가급적 형광등 조명을 사용하자.

형광등도 어느 정도 열을 발산하지만 백열등은 손으로 만질 수 없을 정도로 온도가 상승한다. 의자와 마찬가지로 조명에도 돈을 투자하는 편이 장기적으로 보면 공부효율이 올라간다. 질이 나쁜 조명을 사용해 눈이 피로하면 다음 날 공부에 지장을 초래할 수 있기 때문이다.

'책상에는 투자를 하지 않아도 괜찮을까?'라고 의문을 가질 수 있지만, 책상에는 돈을 들여도 공부효율 향상에 크게 영향을 미치지 못한다.

우선순위를 매겨 의자, 조명, 책상 순으로 투자를 하면 비용대비 효과가 가장 높을 것이다. 아울러 내가 애용하고 있는 책상은 높이를 조절할 수 있는 타입이다. 책상은 높이를 조절할 수 있는 제품이 좋다. 최근 이케아(IKEA)에서도 높이 조절이 가능한 책상을 내놓고 있다.

자신의 앉은 높이와 맞지 않는 책상에 장시간 앉아있게 되면 이 역시 피로의 원인이 된다.

학습법
53

추워서 공부를 못하는 일은 없도록

겨울에 공부할 때는 하반신, 특히 발끝이 차가우면 공부에 집중할 수가 없으므로 발끝이 차가울 때는 족욕 등의 방법으로 따뜻하게 해주어야 한다.

나는 발끝이 차가워지지 않도록 울 소재의 양말을 신거나 유니클로 (UNIQLO)의 히트텍(Heat-Tech)소재 양말을 애용하고 있다. 이 소재는 땀을 흡수하고 발열기능이 있기 때문에 발을 일정하게 보온해준다. 아울러 겨울에는 플리스(fleece) 소재의 슬리퍼를 신고있다.

겨울에는 실내 온도가 따뜻해도 발 밑이 차가울 수 있다. 그때는 '무릎 온열판' 제품이 매우 편리하다. 원적외선으로 은은하게 신체의 하체 부위의 따뜻하게 해준다. 예전에는 작은 전기스토브를 발 밑에 두었는데 너무 뜨겁다는 단점이 있었다.

아침에 상쾌하게 눈 뜨는 비법

커튼을 치지 않으려고 해도 가족이 마음에 걸리거나 거부감이 드는 사람에게 편리한 도구가 있다. 그것은 'National 생체리듬 광, 알람스탠드'이다.

알람을 맞춰 놓으면 아침의 햇살이 주변을 서서히 밝히듯 기상시간에 맞추어 조명이 점차적으로 밝아져(이 조명을 얼굴에 비춘다), 비교적 평화롭게 기상할 수 있는 제품이다.

또 다른 도구에 진동 손목시계가 있는데, 이 제품은 휴대전화와 같은 진동기능이 있어 시간을 알람소리가 아닌 진동으로 알려준다.

이 제품을 이용하면 가족을 깨우지 않고도 자기 혼자서 일어날 수 있다. 카시오(Casio)나 타이맥스(TIMEX)등의 회사에서 발매하고 있다.

- 타이머를 이용해 공부시간과 휴식시간을 적절히 교대하여 집중력을 유지한다.

- 밖에서 공부할 때는 귀마개와 A4 클립보드가 무기가 된다.

- 책상보다 의자에 돈을 투자하자. 의자는 허먼밀러(Hermanmiller)사의 에어론 체어(Aaron-Chair)를 추천하다.

- 의자→조명→책상 순서로 투자를 하면 비용대비 효과를 가장 높일 수 있다.

에필
로그

　당신은 특정 지식이나 기술을 갖추고 있지 못하다는 이유로 일을 진행하면서 큰 벽에 부딪힌 적이 있을 것이다. 그때 당신에게는 2개의 선택 기회가 있다. 하나는 툭툭 털고 일어나 부족한 공부를 하여 현실의 벽을 극복하는 방법과 또 하나는 현실로부터 도망쳐 평생 부끄러운 마음으로 살아가는 방법이다. 어느 쪽을 선택하든 그 것은 당신에게 달려있다.

　꾸준히 '1일 30분'씩 공부를 하면 1년에 300일로 가정하여 150시간, 5년이면 750시간, 10년이면 1500시간을 공부한 셈이 된다. 하루의 실질적인 활동시간 17시간으로 나누면 각각 꼬박 9일, 44일, 88일이나 공부한 결과가 나온다.

　하지만, 이것을 가능하게 하는 방법은 불과 1일 30분의 공부다. 다시 한 번 말하지만 꾸준함은 힘이 된다. 10년간 1500시간을 공부에 투자한 사람과 똑같은 1500시간을 TV에 소비한 사람은 그 결과가 전혀 다를 수밖에 없을 것이다.

'하루에 30분도 길다'라고 생각할 수 있다. 만일 내가 당신에게 '매일 30분간 무엇이든 글을 쓰시오'라고 제안한다면 자신에게는 절대 무리한 일이라고 반론할 것이다.

하지만, 당신은 업무상 매일 30분 정도는 메일(글)을 쓰고 있다. 결국 10년 전까지는 메일을 쓰는 습관이 없었는데 익숙하다보니 크게 힘들이지 않고 글을 쓰게 된 것이다.

공부습관도 이와 동일하다. 처음 시작하고 얼마간은 조금 힘들게 느껴질 수 있지만, 일단 습관이 되면 그후에는 많은 노력이 필요 없다.

고속도로를 진입하는 순간부터 시속 100㎞까지 속도를 올리기 위해서는 가속페달을 밟아야 하지만 일단 100㎞에 도달하면 그 속도를 유지하기 위해서는 가속페달을 밟을 필요가 별로 없는 이치와 동일하다

인간은 아기 때는 기어다니다가 무의식중에 습관이 축적되면 반듯하게 걸을 수 있게 된다. 그리고 연습을 하면 자전거도 타게 된다.

공부습관도 이와 마찬가지다. 지금까지는 공부에 자신이 없었다면

잘할 때까지 성공과 실패를 반복하며 연습을 하자. 그러면 반드시 공부하는 습관이 들고 꾸준히 공부를 하면 몇 년 후에는 오늘의 당신과는 비교도 안 될 만큼 크게 성장하여 있을 것이다. 이 점은 내가 보장할수 있다.

마지막으로 감사의 말을 전하고 싶다. 제일 먼저, 이 책을 구입해 주신 고객 당신! 다음으로 항상 응원을 보내주고 있는 번역, 수첩, 영어학원의 약 2300명이 넘는 고객, 마지막으로 집자 헤이조 고세이(平城 好誠) 씨(이번에 강한 애정을 가지고 책의 편집과 제작을 맡아 주셨다)다.

지금까지 읽어준 독자들에게 다시 한 번 감사의 말을 전한다.

후루이치 유키오(古市 幸雄)